弗布克人力资源管理操作实务系列

新员工培训管理实务手册

（第 3 版）

权锡哲　编著

人 民 邮 电 出 版 社

北　　京

图书在版编目（CIP）数据

新员工培训管理实务手册 / 权锡哲编著. -- 3版
. -- 北京 : 人民邮电出版社, 2017.7（2021.8重印）
（弗布克人力资源管理操作实务系列）
ISBN 978-7-115-46125-4

Ⅰ. ①新… Ⅱ. ①权… Ⅲ. ①企业管理－职工培训－
手册 Ⅳ. ①F272.92-62

中国版本图书馆CIP数据核字(2017)第147270号

内容提要

对于企业而言，选择什么样的培训方法、如何确定培训讲师、如何选取培训工具、如何设计培训课程、如何开展培训评估等都需要系统性的解决方案，只有这样企业才能做到科学育人、留人、用人和选人。

本书从企业的培训需求出发，按照不同级别、不同岗位以及不同的培训方式，对每一个培训环节都进行了详细说明，并提供了相应的模板和工具。书中的具体内容包括新员工培训管理、新员工培训方式、新进生产一线人员培训设计、新进销售人员培训设计、新进技术人员培训设计等多个方面，以及大量的实务操作范例。

本书适合人力资源管理人员、行政管理人员、企业培训师、咨询师以及高校相关专业的师生阅读和使用。

◆ 编　　著　权锡哲
责任编辑　程珍珍
责任印制　焦志炜
◆ 人民邮电出版社出版发行　　北京市丰台区成寿寺路 11 号
邮编 100164　电子邮件 315@ptpress.com.cn
网址 http://www.ptpress.com.cn
北京虎彩文化传播有限公司印刷
◆ 开本：787×1092　1/16
印张：14　　2017 年 7 月第 3 版
字数：350 千字　　2021 年 8 月北京第 7 次印刷

定　价：55.00 元

读者服务热线：(010) 81055656　印装质量热线：(010) 81055316
反盗版热线：(010) 81055315
广告经营许可证：京东市监广登字 20170147 号

人力资源管理操作实务系列

专家委员会成员

以下名单按姓氏笔画顺序排列

王志强 三一集团高级副总经理 三一新能源投资有限公司总经理

王鹤鹏 生活家（北京）家居装饰有限公司武汉分公司总经理

白　云 凹凸人网（北京）咨询有限公司 CEO

龙红明 长沙市爱欣爱见教育管理有限公司人力资源总监

龙拉非 深圳市新睿女主人形象设计有限公司创始人

任　艺 华恒智信副总经理 高级咨询师

孙宗虎 北京弗布克管理咨询有限公司总经理

张　显 腾讯人力资源平台部助理总经理 腾讯上海分公司人力资源总监

张　颖 薪酬绩效专家 颖和企业管理咨询有限公司创始人 前腾讯高级薪酬绩效经理

李原淑 北大方正集团方正商学院执行院长

屈秀丽 北京恒昌利通投资管理有限公司人力资源高级经理

胡　炜 中信建投证券股份有限公司人力资源部高级副总裁

赵　磊 华恒智信副总经理 中国人力资源协会理事

郭振山 汇川技术 BU HRBP

龚高科 中车株洲所时代电气股份有限公司物流中心主任

郭　娟 京东集团 HRBP Head

程　玮 中国核工业二四建设有限公司人力资源部主管

彭皖寅 礼舍科技合伙人兼人力资源总监

熊俊彬 CSTD 中国人才发展社群创始人

魏晨琛 美科多（北京）家居用品有限公司常务副总

总序

伴随着“互联网＋”和人工智能的崛起，人力资源在企业中所起的作用也发生了重大的变化。人力资源部门所扮演的角色，将伴随着这些变化不断调整。

第一，在人员招聘上，正逐步从招人走向找人。未来找人将成为人力资源招聘的常态。

第二，在人员培训上，正逐步由技能培训走向领导力开发。人力资源开发将变得非常重要，提升员工的领导力将是未来人力资源部门重要的工作任务之一。

第三，在组织设计上，未来人力资源将基于平台开展组织设计的各项工作。“平台＋个人”将成为未来组织的常态。

第四，在雇佣关系上，雇佣时代逐步退去，合伙时代正在开启。

第五，在人员管理上，随着智能机器逐步取代一些蓝领岗位，未来的人员管理将更多集中于对高知型人才的管理。

不管组织如何变革、技术如何发展，在企业管理中，人依然是最重要的资源，而对人的管理也依然是企业管理中永恒的主题。

在企业中，不管是“招人”还是“选人”，不管是“育人”还是“用人”，人力资源管理工作者仍将发挥着重要的作用。将企业的人力资源转化为企业的竞争优势仍将是人力资源管理工作者主要的工作。

企业人力资源管理工作者在培训、人员开发、人才盘点、绩效薪酬、员工关系等工作上，仍会基于企业的人力资源战略，不断落实企业人力资源管理的各项工作，并做到求真务实；同时在管理实践中仍需要使用人力资源管理的各种工具、方法、方案和模板。

人力资源管理工作是一项实务性很强的工作，仅有战略而缺少实施战略的方法和工具是无法达到预期效果的。如何把人力资源管理的工作落到实处；如何从实际出发，设计出行之有效的方案和工具；如何把人力资源各项工作加以细化；如何执行人力资源各项具体的工作……这些都是亟需解决的问题。

这套图书从人力资源管理实务的角度出发，针对某一个部门、某一类人员、某一类事项的管理问题，提供了细节化、工具化、方案化的解决策略，体现了很强的实用性和工具性。

因此，这套图书既可以作为人力资源管理工作者的工具书和操作手册，也可作为高校人力资源管理专业教材，尤其适用于职业院校人力资源专业。

北大方正集团方正商学院执行院长

李原淑

2017 年 5 月

再版前言

《新员工培训管理实务手册（第3版）》是“弗布克人力资源管理操作实务系列”图书中的一本。本书从员工培训需求分析出发，按照不同级别、不同岗位以及不同的培训方式详细叙述了企业开展员工培训工作的具体内容，细化了新员工培训管理的各项工作，提供了新员工培训管理各项工作的操作工具和模板，并就新员工培训中的一些细节问题进行了详述和说明。全书内容从实战出发，便于各企事业单位的 HR 人员参照执行。

《新员工培训管理实务手册》前两版上市近十年来，赢得了大量读者的关注与喜爱。他们对本书给予了高度评价，同时针对书中存在的问题提出了客观的批评和有效的改进建议。在此，我们衷心感谢广大读者多年来对弗布克的大力支持！

在对读者反映的问题、提出的意见进行充分研究的基础上，我们结合市场调研的结果及企事业单位的现实情况，对《新员工培训管理实务手册》进行了第2次改版。此次改版，我们将原书中的部分内容进行了替换、补充和更新，其目的就是使本书更加符合读者的实际工作需求，更好地实现我们“拿来即用”的承诺。

在编写《新员工培训管理实务手册（第3版）》时，我们在第2版的基础上做了如下修订。

1. 结合大数据和移动互联网的技术发展，新增了移动互联网时代员工新型培训方式的实操内容，有助于企业推进员工个性化学习、改善培训机制。

2. 由于目前各种创新的商业模式不断涌现，此次改版新增了电商、微商等培训课程设计模块，可以更好地满足企业培训工作的需要。

3. 新增了90后员工培训管理的内容。本书对90后应届毕业生的培训需求进行了深入分析，提出了具有针对性的培训课程设计，为人力资源管理工作者提供了实战指导。

在本书修订的过程中，孙立宏、王淑燕、程富建、刘井学负责资料的收集和整理，刘俊敏、高春燕、李亚慧、周轩、高玉卓、么秀杰、余雪杰、周鸿、张博、齐艳霞负责修订了本书的第一章到第十章，全书由权锡哲统改、定稿。

弗布克 HR 研究中心
2017 年 5 月

目　录

第一章

新员工培训管理

第一节 新员工培训需求分析

一、培训需求分析的原因和作用

（一）新员工培训需求产生的原因

能否对培训需求产生的原因进行客观分析，直接关系到培训需求分析的针对性和有效性。新员工培训需求产生的原因大致可以分为以下三类，具体内容如图 1-1 所示。

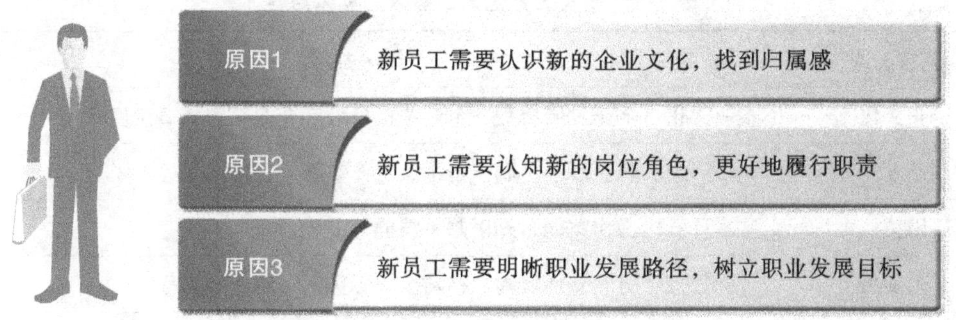

图 1-1 新员工培训需求产生的原因

（二）新员工培训需求分析的作用

企业开展新员工培训的预算是有限的，培训需求分析就是要确保将有限的培训费用用到最需要的培训人员和培训项目上。如果不进行培训需求分析，那么就有可能导致企业费时、费力、费财却一无所获或收效甚微。

培训需求分析的作用主要体现在四个方面，具体内容如图 1-2 所示。

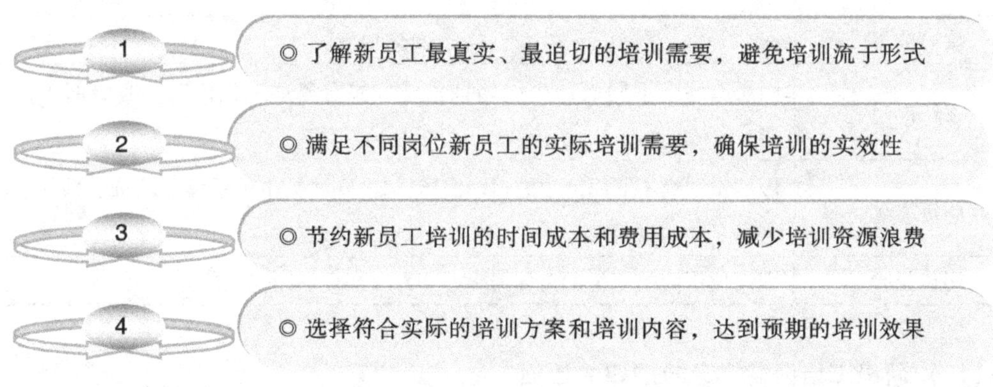

图 1-2 新员工培训需求分析的作用

二、培训需求分析的类别与层面

（一）新员工培训需求分析的两大类别

1. 新员工的普遍培训需求

普遍培训需求是指新员工的共同培训需求，主要包括企业文化、职业素养、通用技能、个人发展和互联网时代的新型技术等方面的内容，不涉及专业知识、专业技能的培训。

新员工普遍培训需求的具体内容如表 1-1 所示。

表 1-1　新员工普遍培训需求的具体内容

需求分类	具体内容
企业文化类	企业文化、企业发展历程、企业关键事件、企业基本规章制度等
职业素养类	礼仪形象、职业心理、职业精神、工作态度、工作方法等
通用技能类	基本计算机操作技能、外语基本技能等
个人发展类	目标管理、时间管理、沟通技巧、人际关系、职业规划等
新型技术类	互联网思维、大数据等新技术与知识

2. 新员工的个别培训需求

个别培训需求是由于新员工所属的部门不同、层级不同、岗位不同、资历不同而产生的部分人或个别人的培训需求。

新员工个别培训需求的具体内容如表 1-2 所示。

表 1-2　新员工个别培训需求的具体内容

需求分类	具体内容
工作部门	因所属部门不同而产生的培训需求，如财务部工作规范、客服部工作流程等
职位层级	因职位层级不同而产生的培训需求，如 90 后员工关系管理培训、领导力培训等
岗位经验	因岗位不同而产生的培训需求，如专业知识、岗位技能等

（二）新员工培训需求分析的四大层面

培训的成功与否在很大程度上取决于需求分析的准确性和有效性。企业可以从个人层面、职务层面、组织层面和战略层面这四大层面上分析新员工的培训需求。

必须明确的是，新员工培训需求分析的四个层面并不是截然分开的，而是相互关联、互有交叉的，具体表现为：无论是职务层面分析、组织层面分析，还是战略层面分析，最终均体现为对新员工个人层面的培训需求的确定。战略层面分析是新员工个人层面、职务层面和组织层面分析的延伸与深化；个人层面、职务层面和组织层面的分析集中于新员工现有的培训需求；战略层面分析则集中于新员工的未来培训需求。因此，在进行新员工培训需求分析时，企业应将四个层面综合起来同时进行，以保证培训需求分析的有效性。

1. 个人层面

个人层面的需求分析是以新员工个体作为分析的对象，主要分析其现有状况与应有状况之间的差距，并在此基础上确定具体的培训方式与培训内容。

对新员工个人层面的需求分析，主要从以下三个维度进行，具体内容如图 1-3 所示。

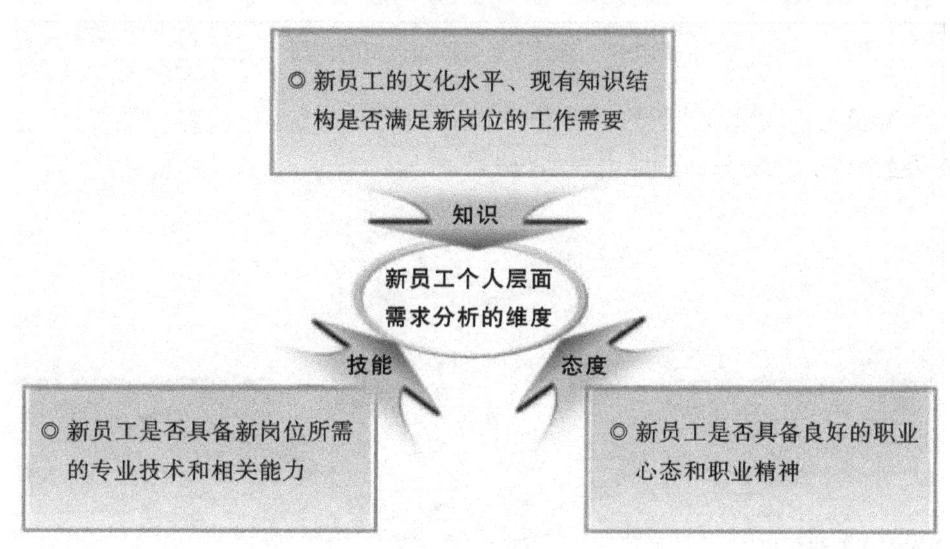

图 1-3 新员工个人层面需求分析的维度

2. 职务层面

新员工职务层面的需求分析是指对新员工所任职务的任职要求和业绩指标进行评价，对新员工所应掌握的知识和所需拥有的技能提出要求。

（1）新员工职务层面分析的依据

新员工职务层面分析的依据如图 1-4 所示。

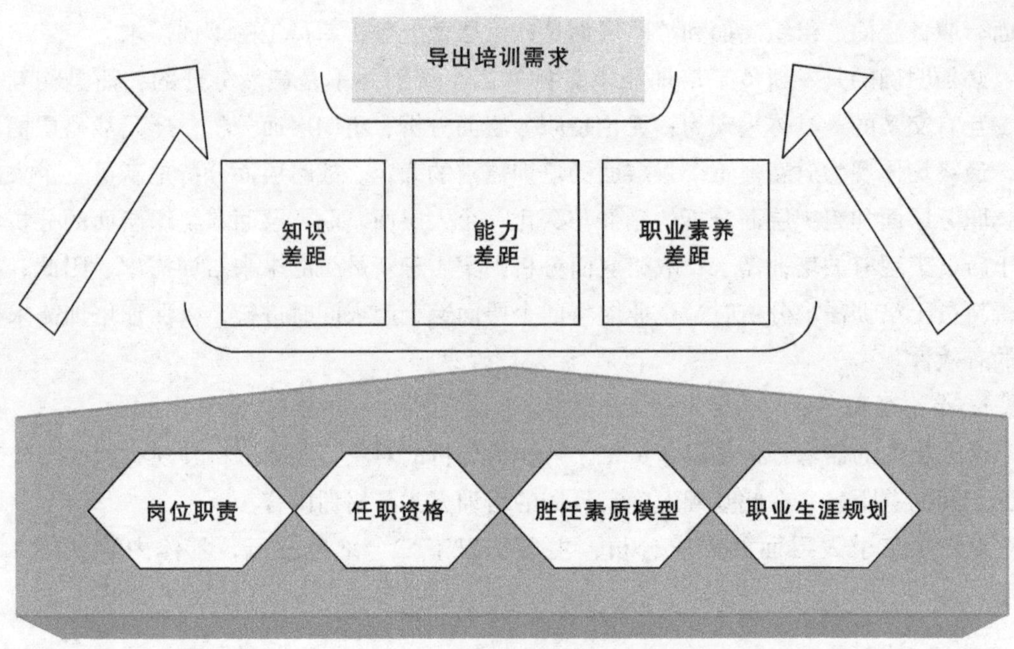

图 1-4　新员工职务层面分析的依据

（2）新员工职务层面分析的主要内容

新员工职务层面分析的主要内容如图 1-5 所示。

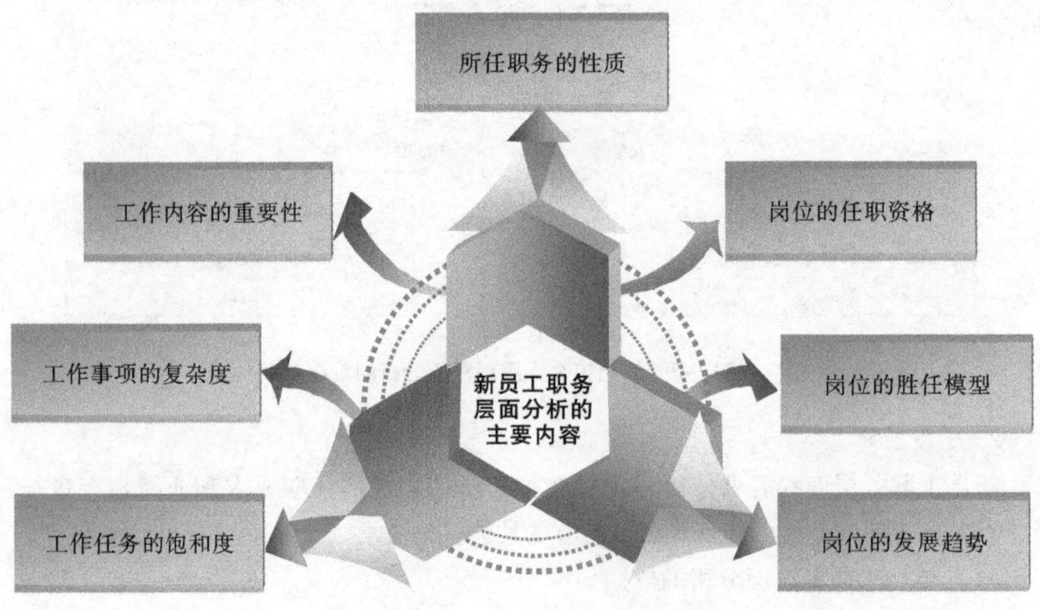

图 1-5　新员工职务层面分析的主要内容

①所任职务的性质

所任职务的性质是指新员工所任职务在整个企业中的地位、层级和作用。

②工作内容的重要性

工作内容的重要性是指新员工所从事工作的意义和价值，包括对其他工作的影响等。

③工作事项的复杂度

工作事项的复杂度是指新员工所从事工作的操作规范、流程、执行标准、所需工具等的难易程度。

④工作任务的饱和度

工作任务的饱和度是指新员工所从事岗位的工作量大小、工作所消耗时间。

⑤岗位的任职资格

岗位的任职资格分析主要是依据《岗位说明书》中的信息，分析岗位必备的知识、技能并找出岗位任职者的欠缺之处，从而提取培训需求信息。

⑥岗位的胜任模型

岗位的胜任模型分析主要是分析新员工的个人能力与岗位工作要求及企业环境是否匹配，以发现差距，从而找出培训需求点。

⑦岗位的发展趋势

岗位的发展趋势是指由于企业的发展而带来的岗位要求及任职资格的变化，如工作量是否会加大、工作任务是否变得繁重、工作难度是否增强等。分析新员工培训需求时，企业要注意对这些问题的前瞻性和预见性进行考虑。

3. 组织层面

组织层面的需求分析是指通过对企业的目标、资源、环境等因素的分析，准确找出企业存在的问题，并确定借助新员工培训解决这些问题的可行性和有效性的一种分析方法。

新员工组织层面培训需求分析的内容如表1-3所示。

表1-3 新员工组织层面培训需求分析的内容

分析内容	分析内容细化说明
企业目标	明确的企业目标是确定培训目标的关键。企业目标不清晰，培训目标就无法有效界定，最终会影响培训的效果
企业资源	①资金资源，即分析企业为支持新员工培训工作所能承担的经费 ②时间资源，即分析企业是否能确保新员工有足够的时间接受培训 ③人力资源，既要分析企业目前的人力资源状况，也要分析企业未来的人力资源需求

（续表）

分析内容	分析内容细化说明
企业环境	①企业内部环境，包括企业文化、企业的软硬件设施、企业经营运作的方式、各种规章制度等 ②企业外部环境，包括企业所在地区的经济发展状况、地域文化等
新员工素质结构	①所受教育水平，即分析新员工所受教育程度对岗位工作的影响 ②专业结构分析，即分析新员工所学的专业知识与岗位技能的匹配度 ③年龄结构分析，即分析新员工不同岗位的年龄特点以及新员工年龄层次的分布情况 ④性格结构分析，即分析不同岗位的工作特点对岗位任职者性格的不同要求

4. 战略层面

为了适应企业未来发展变化的需要，企业还应对新员工培训需求进行前瞻性和预见性的分析，即战略分析。

新员工战略层面培训需求分析的内容如图 1-6 所示。

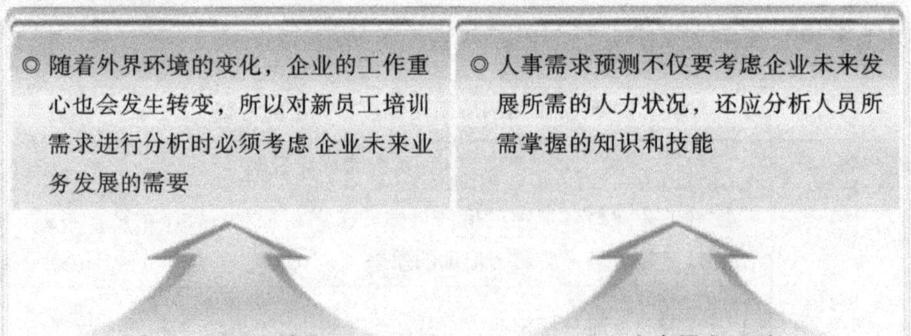

图 1-6 新员工战略层面培训需求分析的内容

三、培训需求分析的步骤与方法

（一）新员工培训需求分析的步骤

新员工培训需求分析的步骤如图 1-7 所示。

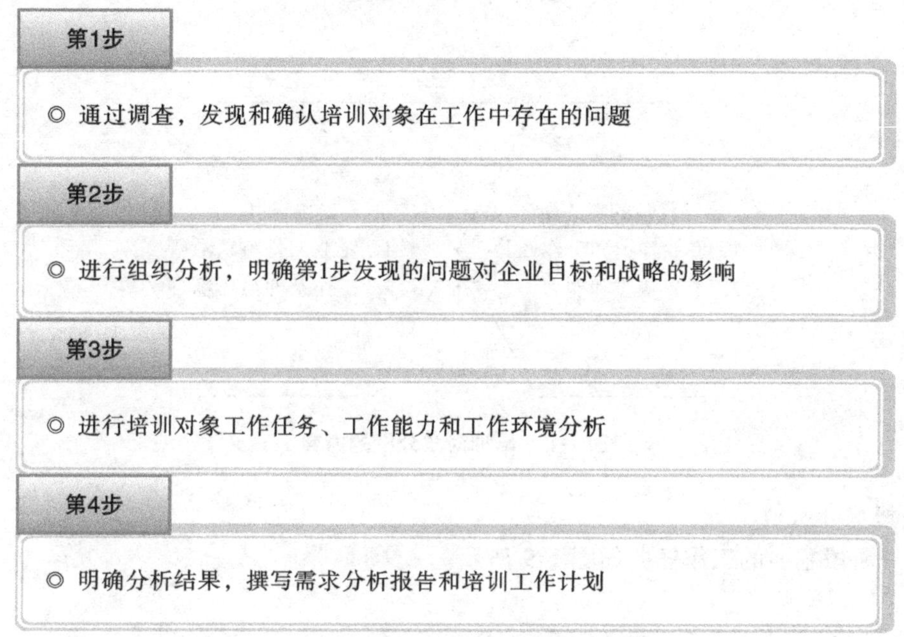

图 1-7　新员工培训需求分析的步骤

1. 进行调查，确认问题

进行培训需求分析的第一步就是明确新员工在新的岗位上开展工作时，可能会存在哪些不胜任的因素或者是影响工作绩效的问题。

要想明确问题，就需要明确问题信息的来源。问题信息的来源包括以下三个方面。

（1）企业内部高层决策者、企业内各部门、员工个人以及企业相关的文件记录。

（2）新员工在从事新工作前所在单位、部门的人员和文件记录。

（3）可能拥有大量信息的第三方人力资源服务机构。

2. 进行组织分析

进行组织分析的目的就是通过分析企业的发展目标、发展战略、管理方针、管理模式、经营特点等，确定新员工存在的问题可能会对企业发展带来什么样的影响。

3. 进行培训对象分析

进行培训对象分析，即对新员工即将从事的工作、胜任该工作应具备的能力和工作环境进行分析，具体内容如图 1-8 所示。

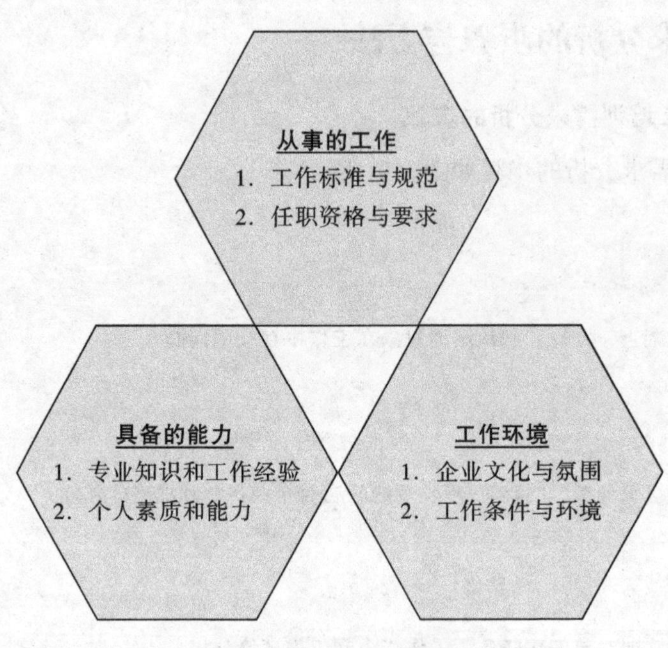

图1-8 培训对象分析的内容

4. 明确分析结果

这一阶段主要的工作任务如图1-9所示。

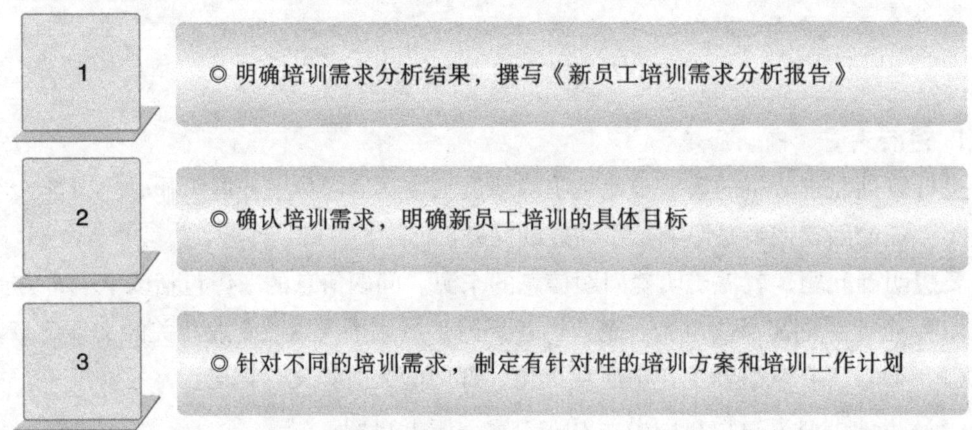

图1-9 培训需求分析结果的内容

（二）新员工培训需求分析的方法

培训需求分析方法一般包括面谈法、观察法、问卷调查法、专项测评法、小组讨论法、记录报告法等，企业可根据自身的实际情况和培训需求信息的特征选择合适的需求分析方法。这些培训需求分析方法的优缺点比较如表1-4所示。

表 1-4 培训需求分析方法优缺点对照表

需求分析方法	标准				
	受训者介入	管理层介入	时间成本	费用成本	可计量的数据
面谈法	高	低	高	高	中
观察法	中	低	高	高	中
问卷调查法	高	低	高	低	高
专项测评法	高	高	中	中	高
小组讨论法	中	高	低	低	低
记录报告法	低	高	中	低	高

1. 面谈法

面谈法指的是访问者通过与受访人面对面交谈，从受访人的表述中发现问题，进而判断出培训需求产生的真正原因。

面谈分为正式面谈和非正式面谈两种情况。正式面谈是以标准的模式向所有的受访者提出同样的问题的面谈方式；非正式面谈是由访谈者针对不同的受访者提出不同的开放式问题，以获取所需信息的面谈方式。

(1) 面谈法的优缺点分析

面谈法的优缺点如图 1-10 所示。

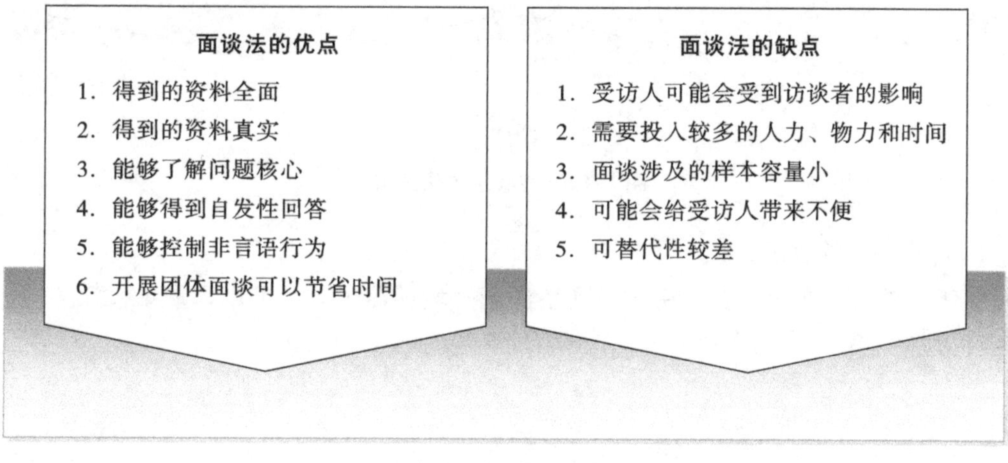

面谈法的优点

1. 得到的资料全面
2. 得到的资料真实
3. 能够了解问题核心
4. 能够得到自发性回答
5. 能够控制非言语行为
6. 开展团体面谈可以节省时间

面谈法的缺点

1. 受访人可能会受到访谈者的影响
2. 需要投入较多的人力、物力和时间
3. 面谈涉及的样本容量小
4. 可能会给受访人带来不便
5. 可替代性较差

图 1-10 面谈法的优缺点

（2）面谈法的具体步骤

通过面谈法收集培训需求分析信息时，可以按照图 1-11 所示的流程执行。

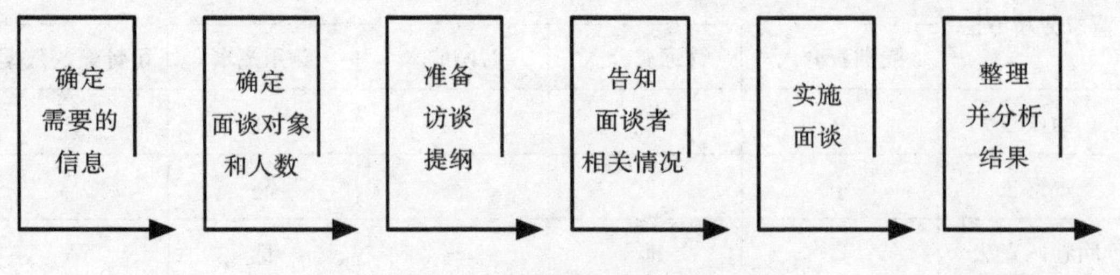

图 1-11　面谈法的具体步骤

2. 观察法

观察法是指观察者通过较长时间的反复观察或通过多种角度、多个侧面或在有典型意义的具体时间进行细致观察，进而得出结论的调查方法。

（1）观察法的优缺点分析

观察法的优缺点如图 1-12 所示。

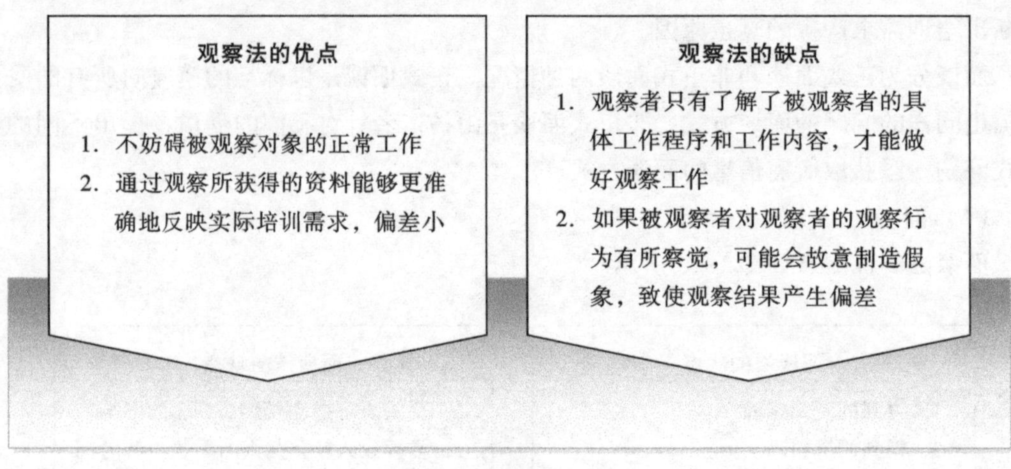

图 1-12　观察法的优缺点

（2）观察法的改进

鉴于观察法存在的缺点，在运用观察法调查培训需求时，可以采取如图 1-13 所示的两种改进方法。

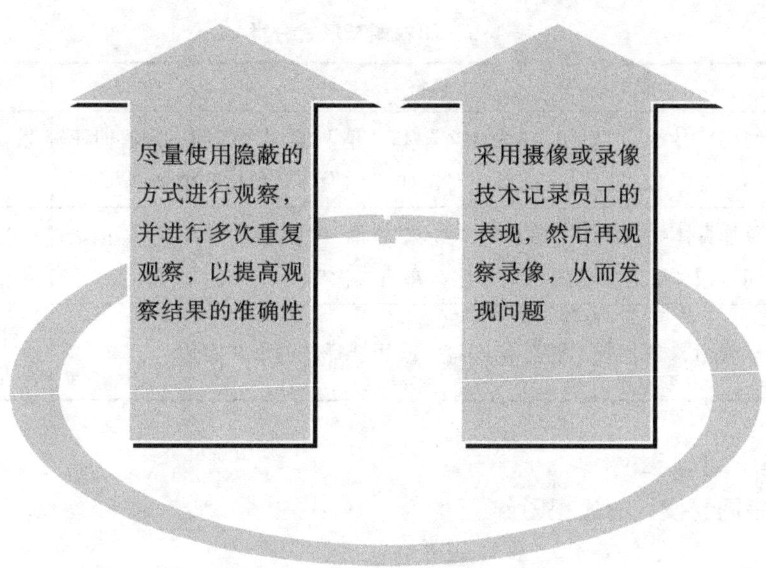

图 1-13　观察法的改进方法

3. 问卷调查法

问卷调查法是对随机样本、分层样本或总体进行调查或民意测验的一种需求调查方法。

（1）问卷调查法的优缺点分析

问卷调查法的优缺点如图 1-14 所示。

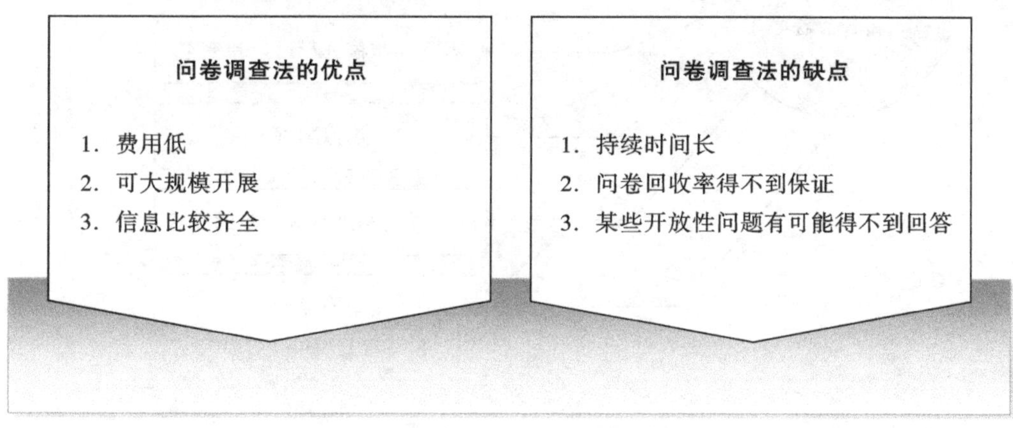

图 1-14　问卷调查法的优缺点

（2）问卷形式分类

问卷形式包括开放式、探究式和封闭式三种，具体内容如表 1-5 所示。

表 1-5　问卷调查形式分类

类型	特征	作用
开放式	使用“什么”“如何”“为什么”和“请”等词语提问，回答时不能用“是”或“否”来简单应对，如“你为什么参加此类培训”	发掘对方的想法和观点
探究式	更加具体化，使用“多少”“多久”“谁”“哪里”“何时”等词语提问，如“你希望这样的培训多久举行一次”	缩小所收集信息的范围
封闭式	只能用“是”或“否”来回答，或用选择题的形式表达	限制所能收集信息的范围

（3）问卷设计流程

图 1-15 是问卷设计的流程图。

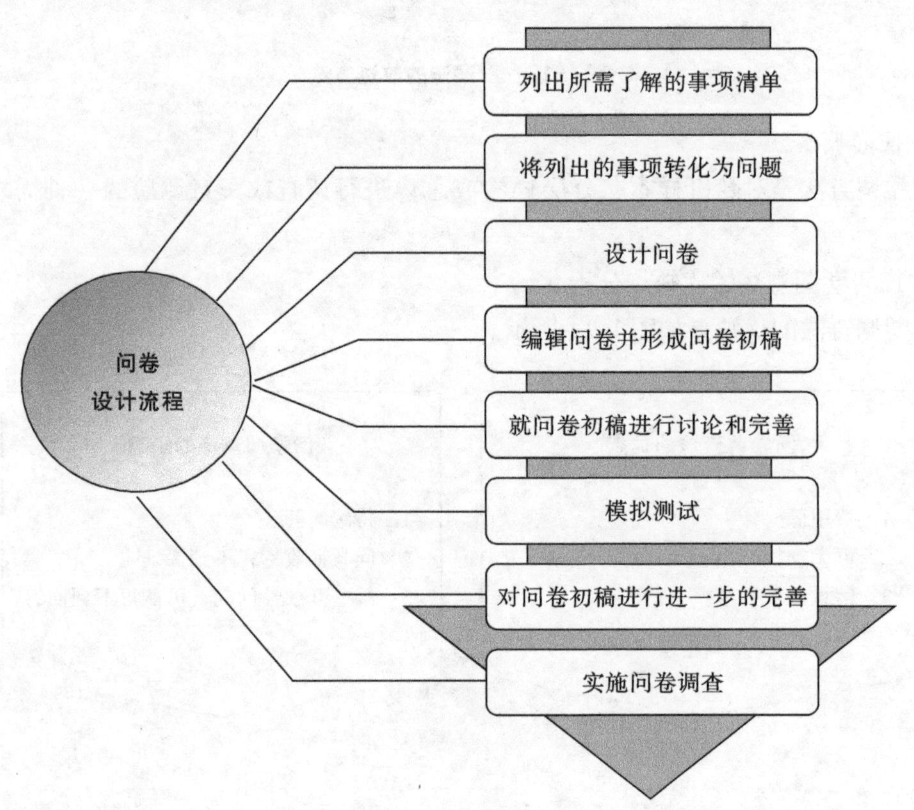

图 1-15　问卷设计流程

（4）问卷设计样例

表 1-6 展示了用于了解新员工培训需求的问卷调查表。

表 1-6 新员工问卷调查表

日期：____年__月__日

<table>
<tr><td>姓名</td><td></td><td>性别</td><td></td><td>年龄</td><td></td></tr>
<tr><td>最高学历</td><td></td><td>所学专业</td><td></td><td>所属部门</td><td></td></tr>
<tr><td>岗位名称</td><td></td><td>相关经验</td><td></td><td>工作年限</td><td></td></tr>
<tr><td colspan="6">工作相关内容</td></tr>
<tr><td colspan="2">有无行业相关知识</td><td colspan="4"></td></tr>
<tr><td colspan="2">对部门工作的了解情况</td><td colspan="4"></td></tr>
<tr><td colspan="2">对工作岗位的认识程度</td><td colspan="4"></td></tr>
<tr><td colspan="6">以往培训情况</td></tr>
<tr><td colspan="2">参训经历（课程名称）</td><td colspan="2">就职公司</td><td colspan="2">参训日期</td></tr>
<tr><td colspan="2"></td><td colspan="2"></td><td colspan="2"></td></tr>
<tr><td colspan="2"></td><td colspan="2"></td><td colspan="2"></td></tr>
<tr><td colspan="2"></td><td colspan="2"></td><td colspan="2"></td></tr>
<tr><td colspan="2">针对上述培训课程的感受</td><td colspan="4"></td></tr>
<tr><td colspan="2">希望公司安排何种培训</td><td colspan="4"></td></tr>
</table>

4. 专项测评法

专项测评法是一种高度专门化的问卷调查方法，具体操作可以参照问卷调查法进行。

(1) 专项测评法的优缺点分析

专项测评法的优缺点如图 1-16 所示。

图 1-16 专项测评法的优缺点

(2) 注意事项

采用专项测评法进行培训需求调查时，需要注意以下事项，具体内容如图 1-17 所示。

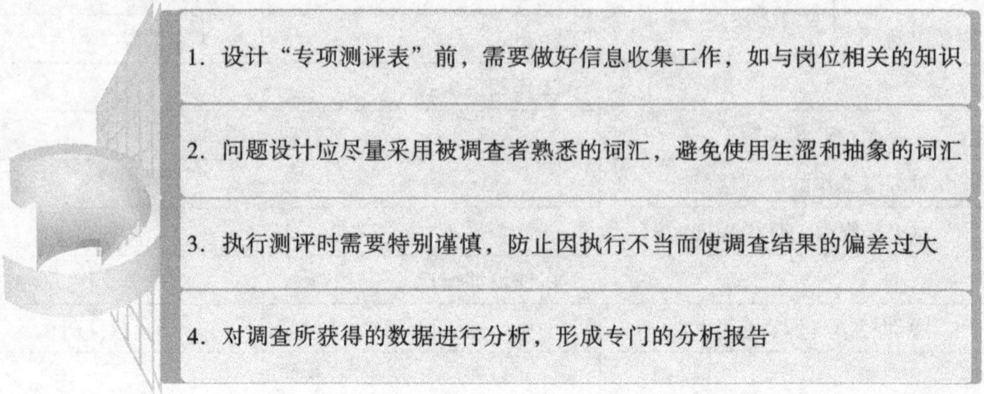

1. 设计“专项测评表”前，需要做好信息收集工作，如与岗位相关的知识

2. 问题设计应尽量采用被调查者熟悉的词汇，避免使用生涩和抽象的词汇

3. 执行测评时需要特别谨慎，防止因执行不当而使调查结果的偏差过大

4. 对调查所获得的数据进行分析，形成专门的分析报告

图 1-17 专项测评法的注意事项

5. 小组讨论法

像面谈法一样，小组讨论法可以是正式的或非正式的、结构性的或非结构性的，或者兼而有之。使用小组讨论法对培训需求进行调查时，可以集工作分析、群体问题分析、目标确定以及任何数量的任务或专题的分析于一体。

(1) 小组讨论法的优缺点分析

小组讨论法的优缺点如图 1-18 所示。

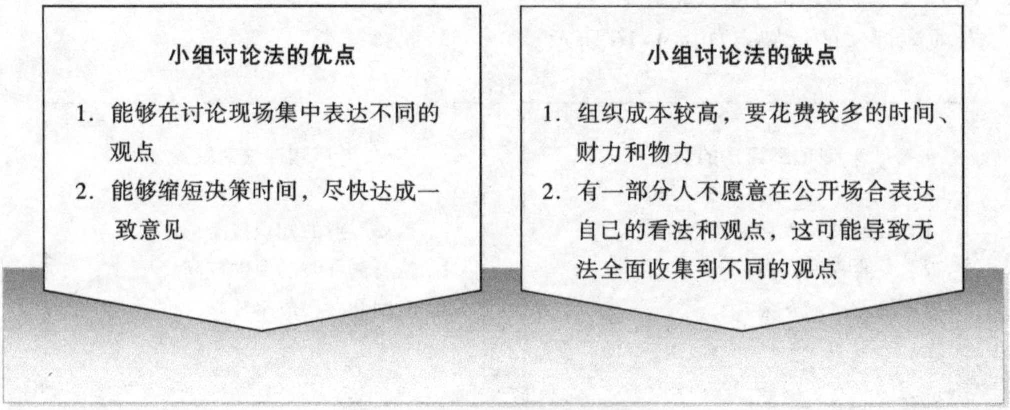

小组讨论法的优点

1. 能够在讨论现场集中表达不同的观点
2. 能够缩短决策时间，尽快达成一致意见

小组讨论法的缺点

1. 组织成本较高，要花费较多的时间、财力和物力
2. 有一部分人不愿意在公开场合表达自己的看法和观点，这可能导致无法全面收集到不同的观点

图 1-18 小组讨论法的优缺点

(2) 小组讨论法的开展步骤

小组讨论法的开展步骤如图 1-19 所示。

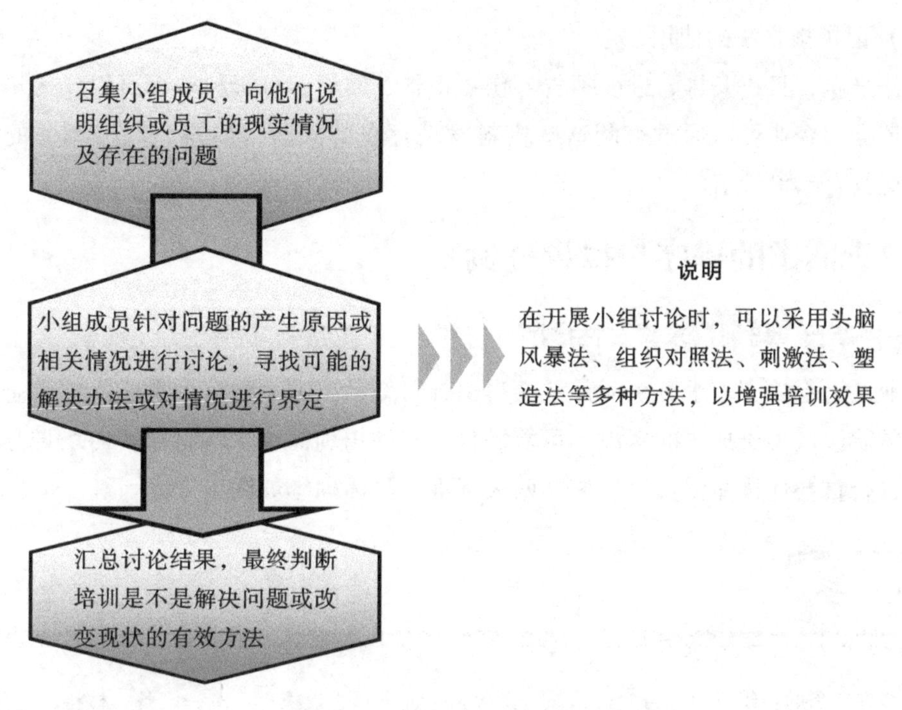

图 1-19 小组讨论法的开展步骤

6. 记录报告法

记录报告法是收集培训需求分析信息的简单方法之一。记录报告包括企业的图表、计划性文件、政策手册、审计和预算报告等。

（1）记录报告法的优缺点分析

记录报告法的优缺点如图 1-20 所示。

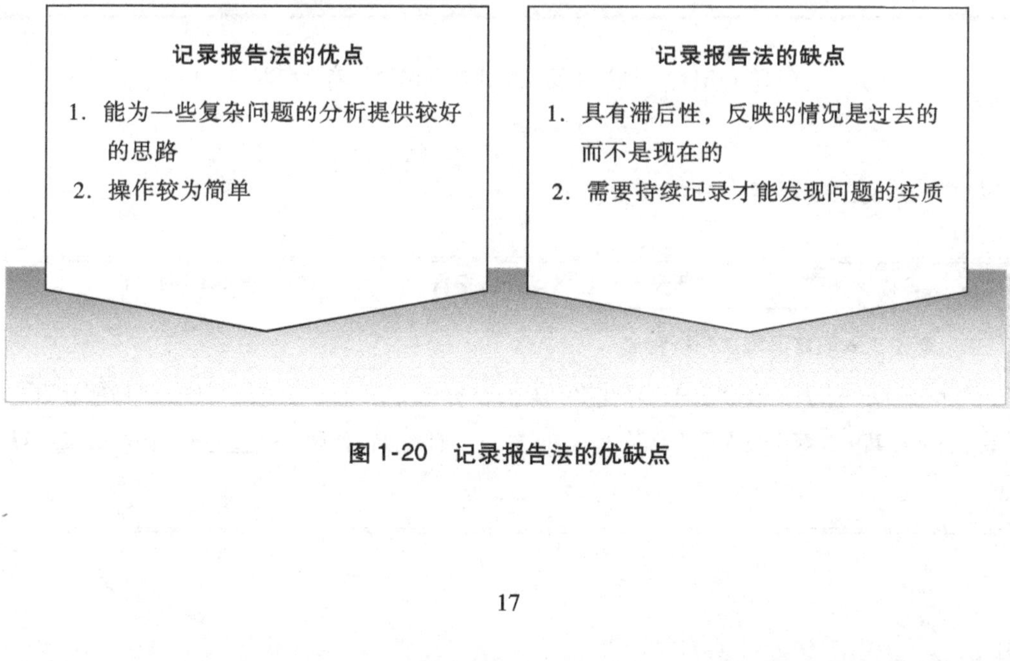

记录报告法的优点

1. 能为一些复杂问题的分析提供较好的思路
2. 操作较为简单

记录报告法的缺点

1. 具有滞后性，反映的情况是过去的而不是现在的
2. 需要持续记录才能发现问题的实质

图 1-20 记录报告法的优缺点

（2）记录报告法的使用

工作日志、日程安排、进度报告、伤亡报告、数据信息资料等都可以作为培训需求分析的依据。企业可以通过查阅这些资料发现存在的问题，如果有以往相关的培训资料，则更具有参考价值。

四、培训需求的排序与报告范例

（一）新员工培训需求重要性排序

企业在进行培训需求分析时往往会得出针对新员工的多种培训需求，但是企业在某个特定的阶段或出于成本的考虑不可能满足所有的培训需求，所以需要对培训需求分析的结果进行重要性排序。排序须遵循两大标准，具体内容如图 1-21 所示。

标准一

◎ 培训所需的组织资源是否允许，该资源包括培训讲师、设施、教室、设备、材料、时间、咨询费用等。在培训资源有限的前提下，应将有限的资源优先用于急需的、高价值的培训项目

标准二

◎ 受训者个体的精力、体力和时间资源是否允许。不考虑受训者个体精力、体力和时间资源的培训安排将影响培训的效果

图 1-21　培训需求重要性排序所遵循的两大标准

（二）新员工培训需求分析报告范例

方案名称	新员工培训需求分析报告	编号	
一、新员工入职培训需求分析背景 企业自____年__月__日至__月__日共招聘了____人，____年__月__日至__月__日内部升职、调岗了____人。其中，新毕业人员占新员工的____%，升职人员占新员工的____%，调岗员工占新员工的____%。			

（续）

二、选择培训需求分析的方法

此次新员工入职培训需求分析以问卷调查法与观察法为主，主要是针对内部调岗者与升职者。

三、调查结果分析

此次共发放调查问卷____份，收回有效问卷____份，结合“培训需求调查观察表”《职务说明书》及公司其他相关文件可得出以下结论。

1. 公司大部分升职人员（____%）感到管理技能欠缺，无法快速进入新的角色。

2. 公司近____%的调岗人员不能熟练掌握工作技巧，影响了工作效率。

四、培训内容设置建议

针对新员工对企业与岗位的熟悉程度不同，我们建议设置两套不同的培训内容体系。

1. 针对刚毕业的新入职员工

按企业发展状况、工作环境及程序，将这部分新员工的入职培训分为公司整体培训、部门工作引导和实地培训三个阶段。培训内容主要包括以下四个方面。

（1）企业的发展历史及现状。

（2）企业的经营理念、企业文化、规章制度等。

（3）企业的组织机构及部门职责。

（4）工作岗位介绍、业务知识及工作技能培训。

2. 针对有工作经验的新员工

（1）岗位技能培训

（2）管理能力培训

……

五、培训时间（略）

第二节　新员工培训计划管理

一、培训计划制订原则与要点

（一）新员工培训计划制订的原则

企业在制订新员工培训计划时，首先需要明确并把握如图 1-22 所示的七项原则。

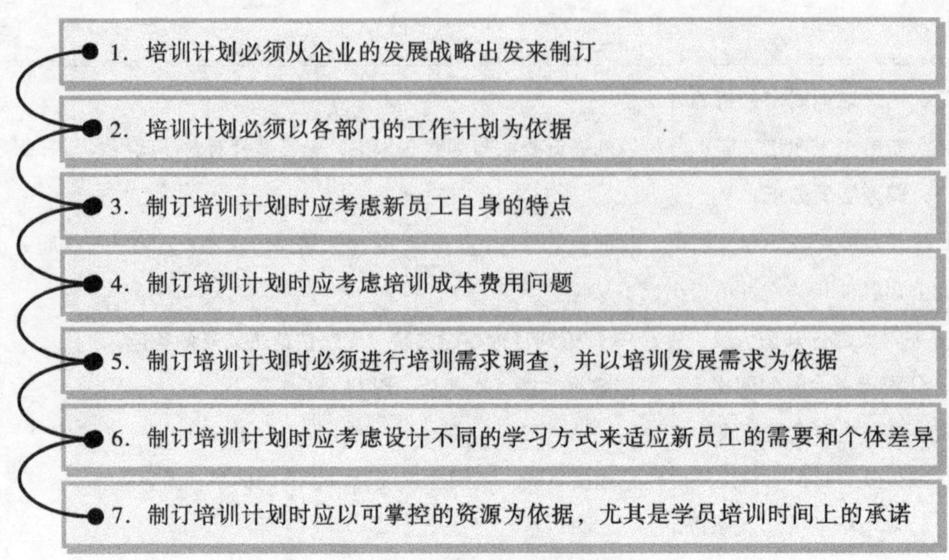

图 1-22　新员工培训计划制订的七项原则

（二）新员工培训计划制订的要点

新员工培训计划制订的要点如图 1-23 所示。

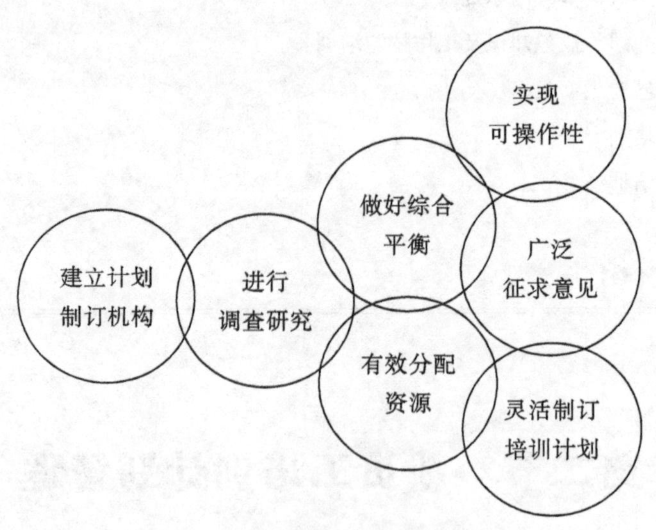

图 1-23　新员工培训计划制订的七个要点

1. 建立计划制订机构

新员工培训计划的制订，不仅是培训部门的事情，它还涉及企业内部的许多部门，是一个系统工程。因此，企业应建立新员工培训计划制订机构，以便协调各个部门进行培训计划的制订。

2. 进行调查研究

调查研究的主要内容如下：预测本企业短期、中期的生产情况和技术发展趋势；预测本企业在短期、中期计划期内对各种人员的需求数量；做好本企业员工素质方面的普查，切实了解新员工在政治思想、行为表现、文化、技术和管理等方面的现有水平；明确新员工对培训与发展的要求；调查本企业在培训方面的条件，如培训讲师师资、培训资料和教材、培训设备及培训经费等。

3. 做好综合平衡

在制订新员工培训计划时，企业应当综合平衡，注意新员工培训需求与师资来源的平衡、培训活动与企业生产和经营正常运转的平衡、企业普遍培训需求与新员工个别培训需求的平衡、新员工预期培训效果与培训实际投入的平衡等。

4. 有效分配资源

企业可根据各分项目标的轻重缓急分配资源，以保证各项目标都有相应的人力、物力和财力支持。

5. 实现可操作性

企业所制订的新员工培训计划应具有可操作性，同时各分段目标或具体分项目标培训计划的实施细节要明确，主要包括总体计划及各分项目标计划实施的过程、时间跨度、阶段、步骤、方法、措施，以及具体要求和评估方法等。

6. 广泛征求意见

该培训计划经过充分的讨论和集中修改，并经企业最高管理层审核批准后，下达到相关基层单位实施。

7. 灵活制订培训计划

在制订新员工培训计划时，企业应考虑时间、成本、资源等各方面因素，且各个步骤不应平均用力，不能绝对统一。对企业来讲，既要注意向别人学习、借鉴别人的经验，又不能盲目照抄，一定要结合自身的实际情况来进行。

二、培训计划制订的主要因素

在制订新员工培训计划的过程中，企业需要考虑如图 1-24 所示的六项因素。

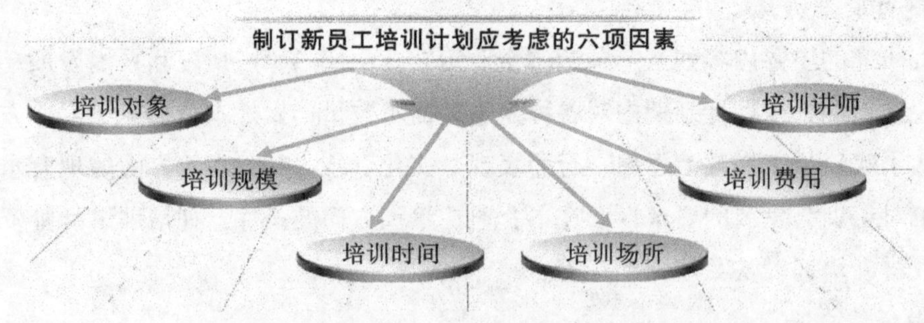

图1-24　制订新员工培训计划应考虑的六项因素

（一）培训对象

企业在制订新员工培训计划时应考虑不同的培训层面，一般分为个人、部门和组织三个层面。

1. 个人层面

新员工培训计划应注重新员工个人能力和技能的提高。该培训要求培训讲师对受训人员进行单独的辅导，以便具体分析其所从事的工作并做出指导。

2. 部门层面

新员工培训计划可针对企业内不同部门来设计。一个部门的新员工可能只有几个人，也可能有几十个人甚至更多。对于新员工人数较多的部门，企业可针对部门需求制订单独的培训计划。

3. 组织层面

组织层面培训一般适用于企业精神培训、企业文化教育以及思想教育、安全教育等。在这个层面上制订培训计划时，必须考虑规模经济的作用并注意战略的正确运用。

（二）培训规模

新员工培训规模一般由企业规模、经营方向、培训本身的性质、培训力量的强弱、培训场所的大小、培训工具的性质以及培训费用的多少来决定。

（三）培训时间

每期的培训时间从几十分钟到数周不等。培训内容、培训费用和培训对象都有可能影响培训时间。大部分培训都是在工作时间内进行的，如需利用业余时间，必须征求培训对象的意见。

（四）培训场所

培训场所一般包括现场培训场所和非现场培训场所。现场培训场所主要是指工作车间，也包括培训中心和语音室；非现场培训场所包括教室和专门的培训基地。将教育培训和实地体验相结合，既能使受训人员获得第一手经验，又能及时发现培训中存在的问题。

（五）培训费用

培训费用直接影响着培训计划的制订以及培训实际效果的好坏。培训费用主要包括外聘培训讲师费用、相关培训设备的费用等。另外，培训对象因参加培训而耽误工作所花费的机会成本也必须考虑在内。

（六）培训讲师

培训讲师担负着为企业员工进行培训的重任，培训讲师素质的高低会直接影响培训效果的好坏。因此，培训讲师的选择和培养对于企业来说至关重要。

培训讲师要参加课堂教学、集体讨论，并监督受训人员完成相应的学习计划等。因此，培训讲师要能够科学地运用各种激励手段和管理措施，选择必要的培训内容和授课方法，以保证实现培训的最初目的。

三、培训计划制订步骤与方式

（一）新员工培训计划制订的步骤

企业在制订新员工培训计划时，必须综合考虑企业的发展规划、自身实力、培训目的、新员工素质及人才培养策略等多方面的因素。

在制订新员工培训计划时，可以先制订企业级培训计划，然后再制订部门级培训计划。企业级培训计划主要包括岗前管理培训、岗前技术培训、通用技能培训、企业文化培训等。部门级培训计划可根据部门的培训需求制订。

培训计划的制订一般分为10个步骤，具体内容如图1-25所示。

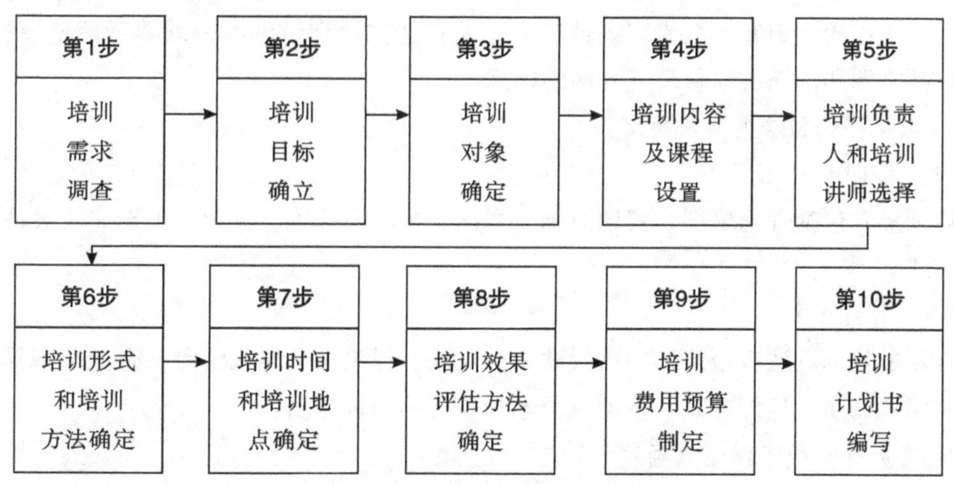

图1-25　培训计划制订步骤

1. 培训需求调查

（1）岗位技能培训需求调查

通过对岗位任职要求和业绩指标进行评价，明确新员工所应掌握的知识和技能。

（2）个人职业生涯培训需求调查

根据企业发展的战略规划，结合新员工个人的职业发展定位，确定培训需求。

2. 培训目标确立

确定培训目标的重要意义在于明确培训要达到的效果，这也为培训效果评估提供了切实可行的标准。确立培训目标的依据主要包括以下两个方面。

（1）企业的实际需要

对各部门的工作进行分析，确定哪些环节需要通过培训加以改进；分析工作中的关键事件以及新员工处理关键事件的能力，确定培训需求；依据工作任务或业绩指标确定培训目标。

（2）员工的素质情况

根据工作需要判断新员工还存在哪些不足，并确认这些不足中哪些是因为缺乏知识或缺乏技能或因为态度不端正导致的？哪些是经过培训可以改进的？哪些是经过培训可以解决的？哪些是本企业无法解决的？

3. 培训对象确定

根据培训需求调查分析的结果并结合企业的发展战略，确定需要接受培训的具体人员。

4. 培训内容及课程设置

培训目标是设置培训内容和课程的出发点。根据新员工的普遍培训需求与个别培训需求，分别设置不同的培训内容及课程。

5. 培训负责人和培训讲师选择

培训工作的组织者一般为培训部门。企业在选择培训讲师时一般要考虑选择标准、培训讲师来源和培训讲师管理三方面的因素。

6. 培训形式和培训方法确定

（1）培训形式

培训形式包括理论培训、实地演练、军训、拓展训练等，企业应根据需要灵活选择培训方式。

（2）培训方法

常用的培训方法有很多，如讲授法、游戏法、讨论法、实战法等，企业应根据培训内容、培训场所、培训形式和培训对象选择合适的培训方法。

7. 培训时间和培训地点确定

合理安排培训时间，有助于培训讲师掌握培训进度，从而顺利完成培训任务。企业应依据其采用的培训方式、培训经费和培训内容来确定培训地点。

8. 培训效果评估方法确定

确定培训效果评估方法，以便及时跟踪培训效果。培训效果评估方法一般包括受训者考核、受训者的意见反馈、受训者的行为变化、培训工作的投入产出分析等。

9. 培训费用预算制定

培训费用预算的制定主要是由企业的人力资源发展战略、企业所处的行业特点、销售业绩和员工整体水平等诸多因素决定的。

10. 培训计划书编写

培训部门根据上述内容，采用企业规定的培训计划书模板编写《培训计划书》，并报相关领导审核、审批。

（二）新员工培训计划确定的方式

1. 会议决策

为整合企业内外部培训资源，培训部门应对培训计划的合理性、可行性等因素进行有效的控制。在制订培训计划时，培训部门可组织召开培训计划会议，对培训计划进行论证和评价，并确定最终的培训计划。会议决策方式的要素如图 1-26 所示。

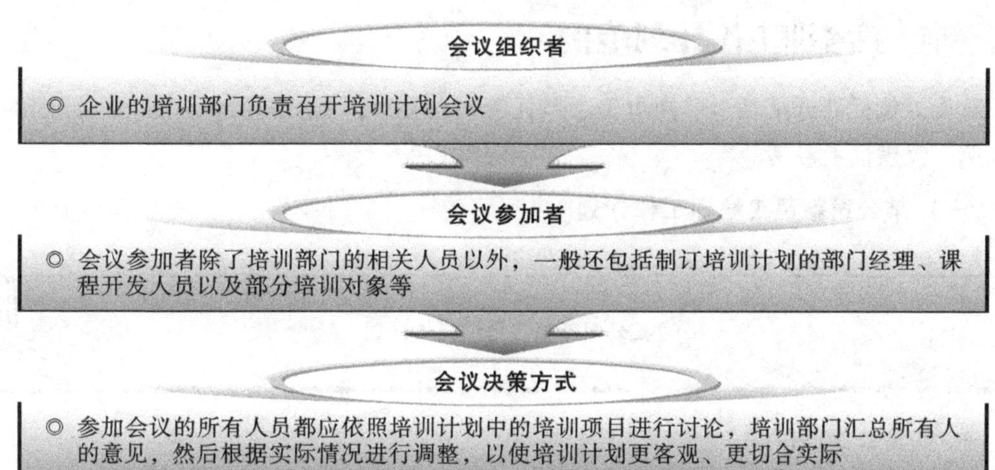

图 1-26　会议决策方式的要素

2. 部门经理沟通

部门经理沟通的方式适用于企业供应性培训计划。如果部门经理之间缺乏深入的沟通，即使培训计划做得再好，也往往会在实施过程中受到来自部门经理的排斥。

供应性培训计划是指向受训人员提供若干备选的培训方案，这样可以在第一方案出现问题时能够及时采取补救措施，避免出现损失。

采用部门经理沟通方式确定供应性培训计划的步骤如图 1-27 所示。

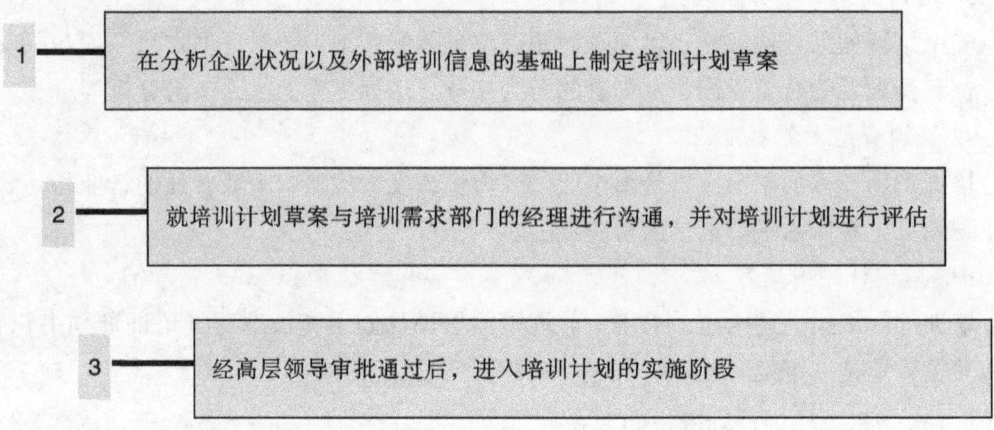

图 1-27　供应性培训计划的确定步骤

3. 领导决策

领导决策是指直接由领导部门针对企业的具体情况加以决策。本方式适用于存在争议、分歧的培训计划，即各部门经理都不认同对方的意见，处于僵持情形时。

四、新员工培训工作计划范例

新员工包括新进员工、转岗员工、新任管理人员等，下面提供新员工培训计划的四个范例，仅供读者参考。

（一）某公司新员工培训工作计划

某公司新员工培训工作计划

一、新员工培训目的

1. 帮助新员工缓解紧张情绪，增强对企业的归属感和安全感。
2. 帮助新员工进行职业生涯规划，以树立正确的职业发展方向。
3. 帮助新员工融入企业，让新进员工了解公司历史沿革、政策、制度、企业文化等。
4. 帮助新员工转变角色，从“局外人”变成“企业人”，以适应新企业的环境。
5. 帮助新员工明确自己的工作职责、工作流程以及与工作相关部门的工作方式等。

二、新员工培训内容

（一）新员工入职前的培训准备

新员工入职前的培训准备工作内容如下表所示。

（续）

新员工入职前的培训准备工作内容一览表

序号	工作内容
1	向新员工发送电子邮件、打电话，准确、详细地告知其具体的报到时间及所需携带的证件、物品
2	通知用人部门新员工的报到日期，由用人部门做好准备工作，如给新员工安排办公场所、准备办公物品等
3	根据培训工作的需要，编写、购买、复印、打印所需的培训资料，并准备相关的物品
4	通知发言领导进行发言准备；通知培训讲师备好授课教案并做好授课准备
5	通知新员工的指导老师做好“师带徒”的准备工作
6	通知综合管理部门安排好宿舍、床铺、桌椅以及相关的生活用品

（二）办理入职手续和组织参观

1. 人力资源部负责接待当天报到的新进员工，并办理接待手续，为其安排好住宿。

2. 新进员工报到时，须填写“员工登记表”等表格，并办理组织关系转移、落户等手续。

3. 人力资源部安排新进员工参观公司，包括生产车间、娱乐中心等。

（三）集中培训

1. 组织部门

人力资源部负责集中培训的组织工作。

2. 具体事项

（1）公司行政副总致辞，欢迎新进员工的加盟，向新员工介绍公司发展愿景和发展战略。

（2）人力资源部经理介绍公司发展历史、公司企业文化和公司相关规章制度。

（3）人力资源部介绍公司重要部门的工作流程和人员配备状况。

（4）生产总监介绍公司的产品构成和产品特点。

（5）安全生产主管向新员工讲解安全生产常识。

（6）外聘培训讲师开展新员工职业生涯规划和职业素质养成的培训。

（7）进行考核，考核合格后上岗并进行岗位技能培训。

3. 集中培训的方式

（1）内部讲师面授。

（2）新老同事内部交流。

（3）新老同事和不同部门的同事开展竞赛。

（四）岗位技能培训

1. 组织部门

各用人部门负责新进员工岗位技能培训的组织工作。

（续）

2. 具体事项

（1）部门职责和岗位职责。

（2）相关岗位工作文件的编制、操作规程、设备性能、工艺流程等的现场培训和演练。

3. 培训时间和培训方式

（1）培训时间为3~6个月。

（2）培训方式为导师制，即由各用人部门安排工作经验丰富、技能熟练的在职员工担任导师，安排新员工到车间和科室进行学习。

三、新员工培训考核与评估

1. 进行新员工培训考核，包括集中培训的知识性考核和岗位技能的现场操作考核。

2. 人力资源部制定“培训效果评估表”，由受训新员工、指导老师以及用人部门共同填写。人力资源部通过与学员、培训讲师、部门培训负责人直接交流和书面调查表跟踪了解培训效果，积极改进培训方式，以使培训更加富有成效并达到预期目标。

四、培训工作开展步骤

1. 人力资源部负责确定培训时间并拟定具体的培训方案。

2. 人力资源部负责与各相关部门协调，做好培训全过程的组织管理工作，包括经费申请、人员协调组织、场地的安排布置、课程的调整及进度推进、培训质量的监控保证以及培训效果的考核评估等。

3. 人力资源部负责对新员工培训进行反馈调查，填写“新员工入职培训反馈意见表”，并在七日内将学员的反馈意见表进行汇总，然后送授课教师参阅。

4. 人力资源部在新员工集中培训结束后一周内提交该期培训的总结分析报告，报公司总经理审阅。

5. 新员工集中脱产培训结束后，进入在岗指导培训，在岗培训由各部门负责人组织实施，并于培训结束后填写“新员工试用期考核转正表”，然后报人力资源部。

6. 人力资源部在新员工接受培训期间，应不定期与新员工、部门培训负责人进行交流，及时了解新员工的动态，改进培训方式，以使培训更加富有成效并达到预期目标。

五、做好新员工培训的辅助工作

（一）加强宣传

向公司各部门宣传公司新员工培训的政策、方法等，强化员工对新员工培训工作的重视程度。

（二）进行培训

对各部门选拔出来的新员工导师进行培训，以确保导师对新员工指导的有效性，并对导师指导工作的效果进行考核。

六、培训时间安排

本次培训的时间安排如下表所示。

（续）

<table>
<tr><th colspan="6">培训时间安排一览表</th></tr>
<tr><th colspan="2">时间</th><th>培训安排</th><th>讲师</th><th>地点</th><th>备注</th></tr>
<tr><td rowspan="2">____月____日～
____月____日
（星期____）</td><td>8：30～
11：30</td><td>新员工报到，填写“员工登记表”，办理组织关系转移、落户等手续，安排住宿</td><td>——</td><td>人力资源部办公室</td><td>毕业证书、报到证、户口迁移证、健康证明等材料</td></tr>
<tr><td>14：00～
17：30</td><td>新员工参观公司，包括公司环境参观和生产线参观</td><td>×××</td><td>——</td><td>参观车间需套鞋套</td></tr>
<tr><td rowspan="3">____月____日～
____月____日
（星期____）</td><td>9：00～
11：00</td><td>公司行政副总致辞</td><td>×××</td><td>五楼会议室</td><td rowspan="6">要求新员工做好相关记录；签订劳动合同时需提供三张两寸彩色照片和两份身份证复印件</td></tr>
<tr><td>14：00～
15：00</td><td>人力资源部做公司介绍</td><td>×××</td><td>五楼会议室</td></tr>
<tr><td>15：10～
17：30</td><td>人力资源部做企业相关制度（包括合同管理制度）介绍</td><td>×××
×××</td><td>五楼会议室</td></tr>
<tr><td rowspan="3">____月____日～
____月____日
（星期____）</td><td>9：00～
10：00</td><td>生产总监介绍公司产品</td><td>×××</td><td>五楼会议室</td></tr>
<tr><td>10：10～
11：30</td><td>安全生产主管进行安全生产培训</td><td>×××</td><td>五楼会议室</td></tr>
<tr><td>14：00～
17：30</td><td>外聘培训讲师开展新员工职业生涯规划和职业素质养成培训</td><td>×××</td><td>五楼会议室</td></tr>
<tr><td>____月____日～
____月____日
（星期____）</td><td>9：00～
11：00</td><td>人力资源部组织进行新员工集中培训考试</td><td>——</td><td>五楼会议室</td><td>一次考试未通过，而补考又未合格者，公司不予录用</td></tr>
<tr><td colspan="2">____月____日～
____月____日</td><td>新员工进行在岗学习，在导师的指导下，通过一对一辅导提高岗位工作能力</td><td>——</td><td>——</td><td>——</td></tr>
</table>

（续）

七、附件

1. “新员工试用期考核转正表”（略）

2. “新员工入职培训反馈意见表”（略）

（二）某公司新任管理人员培训工作计划

某公司新任管理人员培训工作计划

一、培训目的

1. 使新任管理人员有效应对各种变化，并培养其努力达成目标的工作态度。

2. 确保新任管理人员能够全面、有效地执行各项工作任务。

3. 确保新任管理人员能够以更有效的方式、方法解决管理工作中遇到的问题。

二、培训对象

1. 各部门新任主管。

2. 各部门新任经理。

3. 驻外地办事机构新任经理和主管。

三、新任管理人员培训方式和主要内容

新任管理人员培训方式和主要内容如下表所示。

新任管理人员培训方式和主要内容

培训方式	培训主题	培训目标和实施概述
集中授课（12小时）	制订计划	帮助新任管理人员制订有效的、科学的工作计划及指导下属的计划
	管理能力	帮助新任管理人员提升沟通能力、任务分配能力、下属指导能力等
	下属培育	帮助新任管理人员针对不同下属的个性和特点开展有效的指导活动
案例分析（4小时）	综合能力演练	就某一案例，由受训人员根据授课所学内容进行分析，指导者负责对分析结果进行汇总并说明
分组讨论（4小时）	角色演练	参训人员分别扮演实际工作开展中的不同角色，并运用授课所学的知识解决在不同角色之间发生的冲突和矛盾，旨在通过换位思考的方式让受训人员了解提高管理能力的重要性

（续）

四、新任管理人员培训形式

1. 外聘专家授课。

2. 户外拓展训练。

3. 脱产和外派培训。

五、培训安排

1. 新任管理人员培训人数以 12 个人为宜，培训对象为新任管理人员，培训时间为 20 小时。

2. 若培训人数多于 12 个人，则根据培训内容分期开展培训。

3. 培训具体时间为新任管理人员就任后一个月内的每个周六。

六、培训组织

1. 公司人力资源部负责新任管理人员培训的组织管理工作。

（1）外聘讲师的联系、选择和评价。

（2）安排培训场所，准备所需的培训设备、材料。

（3）组织对受训新任管理人员的培训效果进行评估。

（4）负责制定具体的培训实施费用，并编制报告报人力资源总监审阅。

2. 公司行政部、财务部配合公司人力资源部做好新任管理人员培训的组织和费用管理工作。

3. 公司各业务部门和职能部门根据培训实施的需要，负责调整和安排本部门人员参加培训新任管理人员的工作，确保培训实施期间参训人员的工作不受影响。

4. 公司总经理和人力资源总监对培训实施进行监督，及时提出指导意见。

七、培训考核与评估

1. 培训考核

（1）在集中授课结束后，人力资源部组织对受训人员进行闭卷考试，以检验受训人员对授课内容的掌握程度。

（2）在进行案例分析和分组讨论的培训时，由现场指导者对每个受训人员的表现进行打分。

（3）闭卷考试得分和指导者打分结果的总和构成新任管理人员的培训得分。该项满分为 100 分，得分低于 80 分的为不合格，需再接受培训。

2. 培训评估

（1）人力资源部会同授课讲师设计培训评估问卷，在培训结束后，由接受培训的新任管理人员填写此问卷。

（2）培训结束三个月后，人力资源部对接受培训的新任管理人员所在的工作部门进行调查，以判断接受培训的新任管理人员是否按照培训所学开展工作，并收到了良好的效果。

五、新员工培训预算方案设计

（一）培训预算的编制方法

培训预算的编制方法包括比例法、推算法和费用总额法等，具体内容如表1-7所示。

表1-7　培训预算编制方法一览表

<table>
<tr><th colspan="2" rowspan="2">方法</th><th rowspan="2">方法说明</th><th colspan="2">优缺点分析</th></tr>
<tr><th>优点</th><th>缺点</th></tr>
<tr><td rowspan="3">传统预算方法</td><td>比例法</td><td>根据企业预期的销售额、工资总额、利润额以及总费用预算等指标，从中核定出一定比例作为培训预算</td><td rowspan="3">操作简便，操作成本低</td><td rowspan="3">对培训各项支出缺乏科学、系统的分析，因此导致培训预算的制定可能与培训需求不匹配</td></tr>
<tr><td>推算法</td><td>根据以前的培训费用使用情况对新一年的培训费用进行推算，大多是针对上一年度的培训总额和企业的发展情况进行一定额度的增加或缩减</td></tr>
<tr><td>费用总额法</td><td>有些企业会划定人力资源部全部的费用总额，它包括招聘费用、培训费用、社会保障费用、体检费用等人力资源部全年的所有费用。培训费用的额度由人力资源部自己确定</td></tr>
<tr><td colspan="2">零基预算方法</td><td>在每个预算年度开始时，以零为基础，根据企业目标，重新审查每项培训活动对实现企业目标的意义和效果，并在进行费用—效益分析的基础上，重新排出各项培训活动的优先次序</td><td>能够比较科学、准确地判断培训需求项目，确保预算支出的有效性</td><td>操作复杂，需花费大量的人力、物力和时间，操作成本高</td></tr>
</table>

在运用零基预算方法编制培训预算时，必须对以下问题进行分析。

（1）企业的目标是什么？按企业目标分解的每一位员工的关键绩效考核指标（KPI）是什么？员工所具备的知识、能力是否符合企业的要求？培训要达到的目标又是什么？

（2）各项培训课题能获得什么收益？是否有必要开展这项培训？

（3）可选择的培训方案有哪些？有没有比目前培训方案更经济、更高效的方案？

（4）按各项培训课题的重要性为其排序，从实现培训目标的角度看到底需要多少资金？

无论采用哪一种培训预算的编制方式，都应考虑企业培训需求和提供经费保障的可能性。在需求不明确或培训经费难以得到保障的前提下，任何培训预算都可能是纸上谈兵，从而违背预算的真正要求。

培训费用预算的主要考虑指标包括讲课费、场地费、教材费、课程设计费等。另外，培训费用预算还应根据培训讲师来源的不同来确定。如果培训讲师是企业内部员工，则不必考虑费用；如果是外派培训或请专业培训公司做内训，则需要根据当地市场价做出预算。

关于培训预算的具体分配，在实践中我们通常参考表 1-8 所示的分配比例。

表 1-8　培训预算具体分配表

培训假设	具体分配比例			
	内部培训组织人员工资、福利和其他费用	内部培训费用	外派培训费用	机动费用
培训预算包括企业内部培训组织人员费用	30%	30%	30%	10%
培训预算不包括企业内部人员的费用	—	50%	40%	10%

（二）新员工培训预算内容

新员工培训预算是企业年度总体培训预算的重要组成部分，也是企业开展培训工作的重要组成项目。

新员工培训预算的内容如表 1-9 所示。

表 1-9　新员工培训预算内容列表

培训预算分类	预算分类的具体费用内容	
培训准备费用（培训前）	人员费用支出	包括向培训讲师、培训组织者、文员、外部培训咨询顾问及其他人员支付的费用
	办公支持费用	包括员工培训会议费用、电话费用、文具费用、邮寄费用、复印费用、准备培训材料的费用、培训设备费用等
	其他费用	美术品租赁或购买费用、影印费用和其他费用支出

（续表）

<table>
<tr><th>培训预算分类</th><th colspan="2">预算分类的具体费用内容</th></tr>
<tr><td rowspan="3">培训开展费用
（培训中）</td><td>人员费用支出</td><td>向培训讲师、参训者、受训者、培训咨询顾问、其他参与课程开发和实施人员等支付的费用</td></tr>
<tr><td>培训实施费用</td><td>差旅费、媒介设备租用费、餐费、住宿费、交通费用等</td></tr>
<tr><td>培训现场费用</td><td>场地租用费、设备租用费、现场服务费用</td></tr>
<tr><td rowspan="2">培训管理费用
（培训后）</td><td>人员费用支出</td><td>包括向培训评估人员及相关培训参与人员支付的费用</td></tr>
<tr><td>杂项费用</td><td>包括印刷品、笔、纸和文件夹、文具、电话和传真及其他相关物品所花的费用</td></tr>
</table>

（三）新员工培训预算方案实例和表单

1. 新员工培训预算方案实例

某公司新员工培训预算方案如表1-10所示。

表1-10 某公司新员工培训预算方案

班别	班数（个）	总人数（人）	授课时间（小时）	开班总费用（元）
职前训练共同课程班	3	84	9	500
销售人员专业技能班	2	48	12	1 500
办事员专业技能班	1	16	6	800
技术员专业技能班	1	20	10	1 300
管理人员综合能力提升培训班	1	16	16	2 100
合计	8	184	53	5 300

2. 新员工培训计划和预算分析表

新员工培训计划和预算分析表如表1-11所示。

表1-11 新员工培训计划和预算分析表

<table>
<tr><th rowspan="2">培训目标</th><th rowspan="2">培训对象</th><th colspan="4">培训项目</th><th rowspan="2">培训时间</th><th rowspan="2">组织部门</th><th colspan="3">培训项目资源来源</th><th rowspan="2">预算</th></tr>
<tr><th>课堂授课</th><th>户外参观</th><th>拓展训练</th><th>其他</th><th>已存在</th><th>开发</th><th>购买</th></tr>
<tr><td></td><td></td><td></td><td></td><td></td><td></td><td></td><td></td><td></td><td></td><td></td><td></td></tr>
<tr><td></td><td></td><td></td><td></td><td></td><td></td><td></td><td></td><td></td><td></td><td></td><td></td></tr>
<tr><td></td><td></td><td></td><td></td><td></td><td></td><td></td><td></td><td></td><td></td><td></td><td></td></tr>
<tr><td>备注</td><td colspan="11"></td></tr>
</table>

第三节　新员工培训实施管理

一、培训内容的设计

新员工是注入企业的新鲜血液和后备力量，新员工培训是在短期内增强新员工对企业的认同感和归属感的一大有利工具，合理的培训内容设计是新员工培训成功的关键。

（一）新员工培训内容设计需要考虑的因素

1. 新员工的特点

新员工在进入企业之初有三大主要特点，具体内容如图1-28所示。

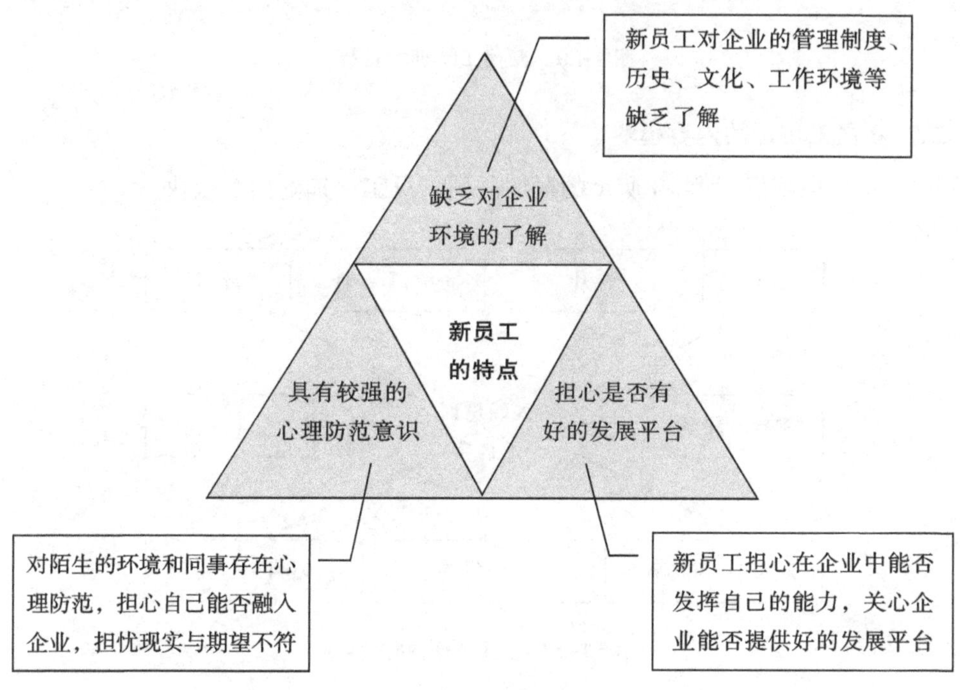

图1-28　新员工的特点

2. 新员工培训的目标

新员工培训主要有六大目标，具体内容如图1-29所示。

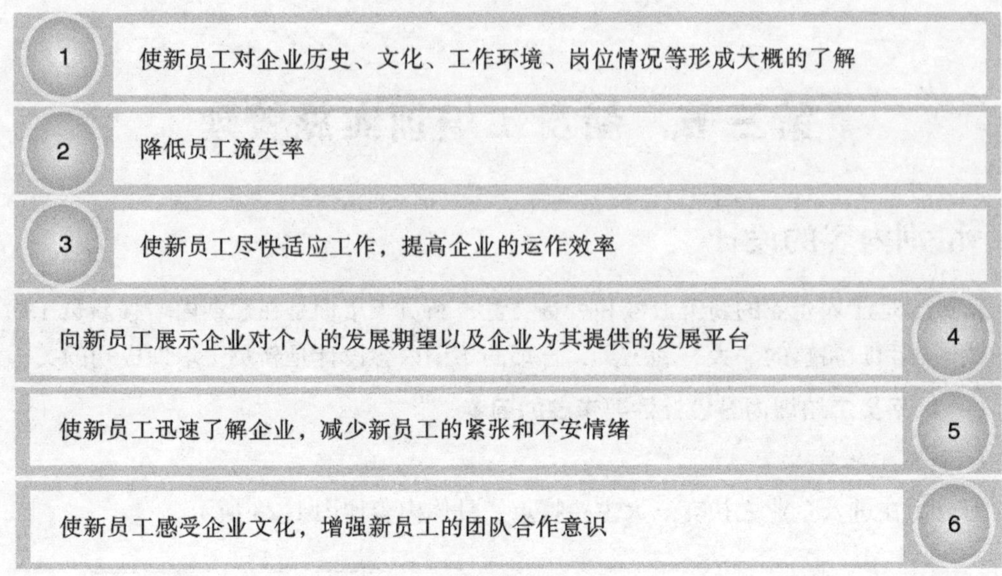

图 1-29　新员工培训的目标

（二）新员工培训的内容模块

培训人员可以根据图 1-30 所示的框架规划新员工培训的内容模块。

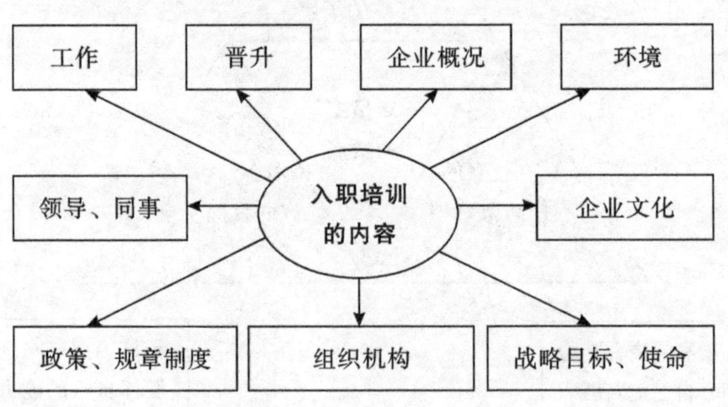

图 1-30　入职培训的内容

我们可以将图 1-30 中所述新员工培训的内容模块划分为三部分，即与工作环境有关的内容、与工作制度有关的内容以及与工作岗位有关的内容。

1. 与工作环境有关的内容

与工作环境有关的内容包括企业宏观环境、工作环境与设施两部分，具体内容如图 1-31所示。

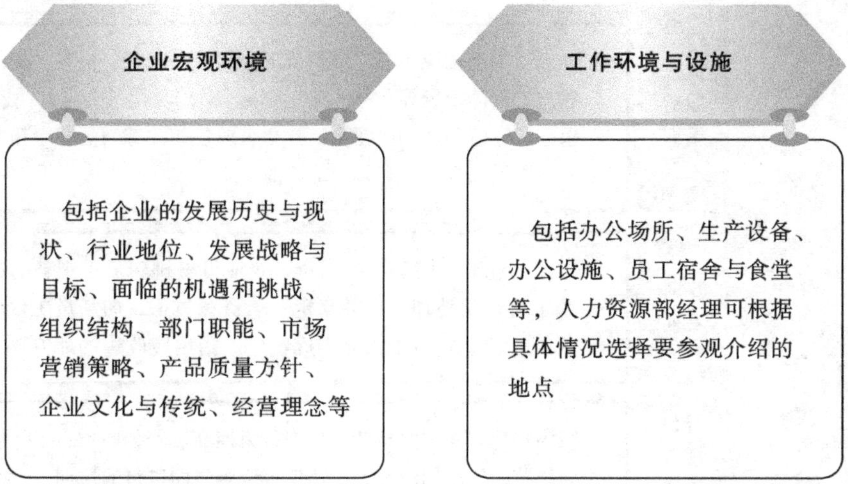

企业宏观环境
包括企业的发展历史与现状、行业地位、发展战略与目标、面临的机遇和挑战、组织结构、部门职能、市场营销策略、产品质量方针、企业文化与传统、经营理念等
工作环境与设施
包括办公场所、生产设备、办公设施、员工宿舍与食堂等，人力资源部经理可根据具体情况选择要参观介绍的地点

图 1-31　与工作环境有关的内容

2. 与工作制度有关的内容

这一部分内容关系到员工的切身利益，涉及的内容较多，具体内容如图 1-32 所示。

公司财务管理制度
行政办公管理制度
学习晋升管理制度
人力资源管理制度
公司其他管理制度
与工作制度有关的内容

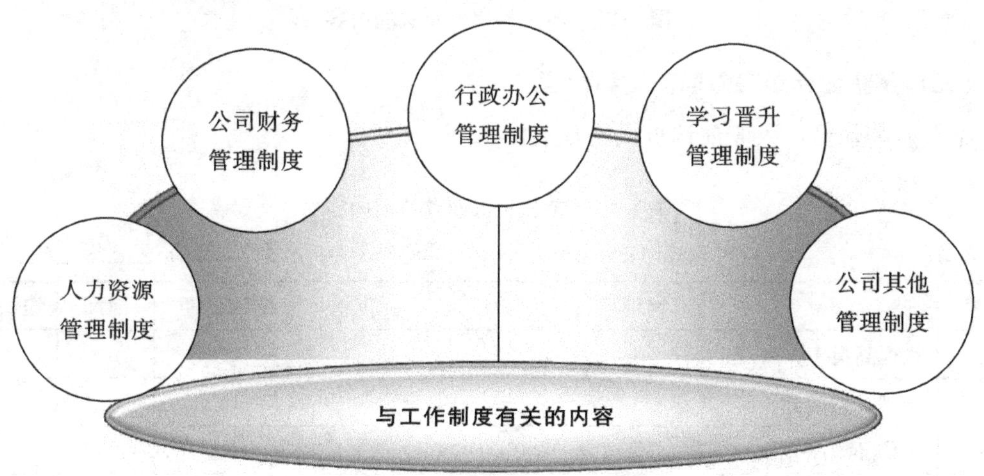

图 1-32　与工作制度有关的内容

3. 与工作岗位有关的内容

与工作岗位有关的内容包括岗位职责、技能、行为规范，以及新兴技术四大部分，具体内容如图 1-33所示。

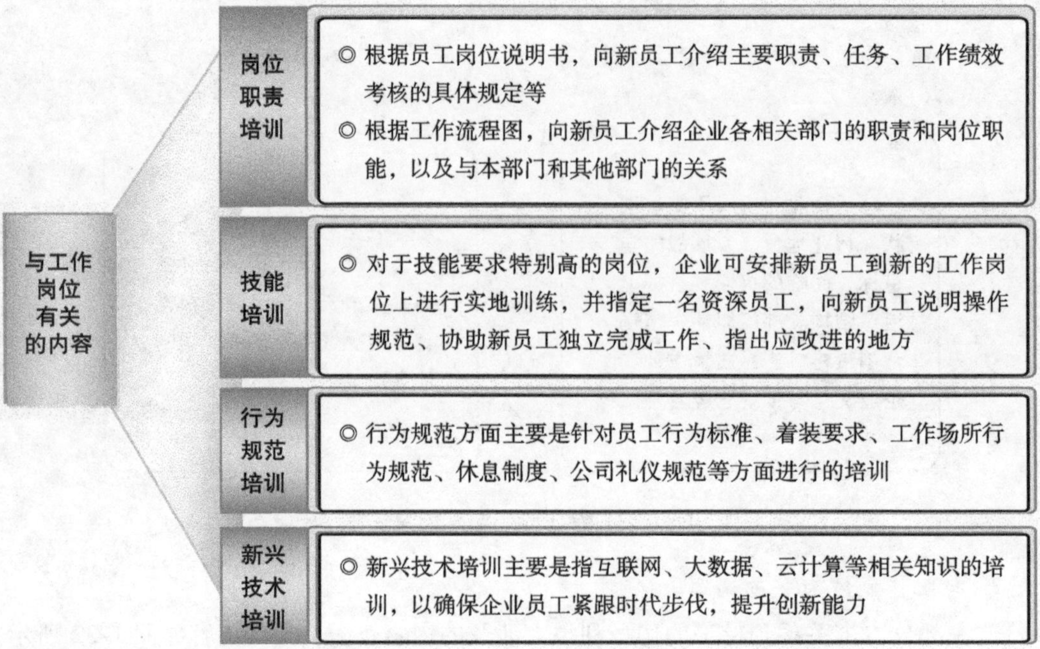

与工作岗位有关的内容

岗位职责培训
◎ 根据员工岗位说明书，向新员工介绍主要职责、任务、工作绩效考核的具体规定等
◎ 根据工作流程图，向新员工介绍企业各相关部门的职责和岗位职能，以及与本部门和其他部门的关系

技能培训
◎ 对于技能要求特别高的岗位，企业可安排新员工到新的工作岗位上进行实地训练，并指定一名资深员工，向新员工说明操作规范、协助新员工独立完成工作、指出应改进的地方

行为规范培训
◎ 行为规范方面主要是针对员工行为标准、着装要求、工作场所行为规范、休息制度、公司礼仪规范等方面进行的培训

新兴技术培训
◎ 新兴技术培训主要是指互联网、大数据、云计算等相关知识的培训，以确保企业员工紧跟时代步伐，提升创新能力

图 1-33　与工作岗位有关的内容

（三）某企业新员工入职前培训内容

某企业的新员工入职前培训内容如表 1-12 所示。

表 1-12　新员工入职前培训内容

姓名：　部门：　职务：　到职日期：____年__月__日

序号	培训项目		培训日期	时间	培训人
1	欢迎新员工，致欢迎词				
2	培训计划简介				
3	工作环境简介				
4	公司概况	（1）公司基本概况 （2）发展历史、企业文化、经营理念和未来发展方向 （3）公司组织结构说明			
5	人员介绍	（1）介绍公司主要高层领导 （2）介绍各级主管 （3）介绍部门同事 （4）员工自我介绍			

（续表）

<table>
<tr><th>序号</th><th colspan="2">培训项目</th><th>培训日期</th><th>时间</th><th>培训人</th></tr>
<tr><td>6</td><td>规章制度</td><td>（1）人事规章与福利说明
（2）作息及签到规则
（3）休息和用餐规则
（4）服务礼仪和接待规定
（5）办公自动化使用规定
（6）休假和加班规定
（7）奖罚规章</td><td></td><td></td><td></td></tr>
<tr><td>7</td><td>新型技术培训</td><td>（1）互联网思维
（2）大数据营销
（3）云计算</td><td></td><td></td><td></td></tr>
<tr><td>8</td><td colspan="2">学习《员工手册》的内容</td><td></td><td></td><td></td></tr>
<tr><td>9</td><td>财务制度</td><td>（1）财务制度说明
（2）出差规程与费用报销流程
（3）主要财务政策</td><td></td><td></td><td></td></tr>
<tr><td>10</td><td colspan="2">部门本职位工作内容介绍</td><td></td><td></td><td></td></tr>
</table>

二、培训讲师的确定

（一）培训讲师的选择标准

培训讲师的选择标准如图 1-34 所示。

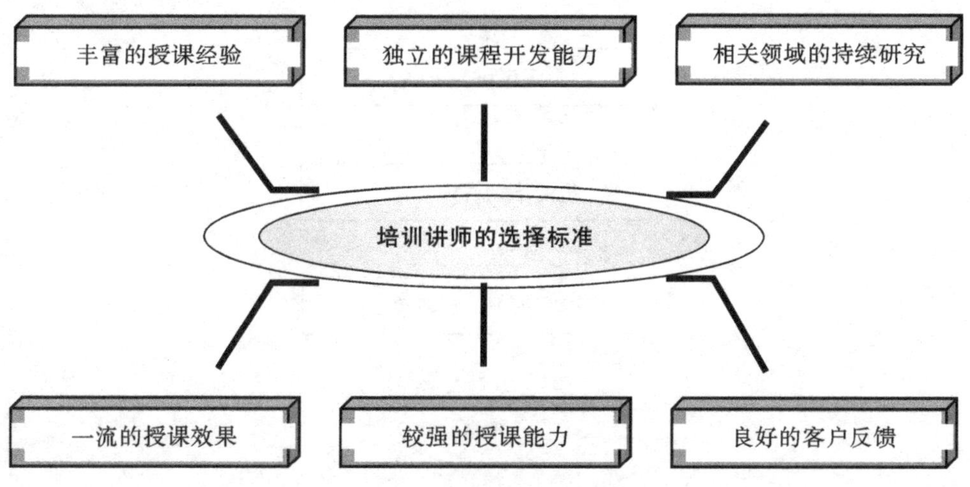

图 1-34 培训讲师的选择标准

（二）培训讲师的来源

培训讲师主要有外部聘请和内部开发两大来源。企业应根据实际情况选择合适的培训讲师，确定恰当的内部和外部培训讲师的比例，做到内外搭配、相互学习、共同进步。

涉及与企业、部门及工作密切相关的入职前培训课程，讲师最好由企业内部人员担任，因为企业内部人员才是最熟悉企业的人。企业高层领导、人力资源部经理、部门主管、专业技术人员都可以被邀请来就不同的内容给新员工做入职培训。

对于提高新员工个人职业素养的入职培训课程，如时间管理、商务礼仪等，可以外请专职的培训讲师来讲授。

（三）培训讲师确定流程

培训讲师自身水平的高低对培训效果有着直接的影响。因此，选择和确定培训讲师需要经过缜密的内部决策流程，具体内容如图 1-35 所示。

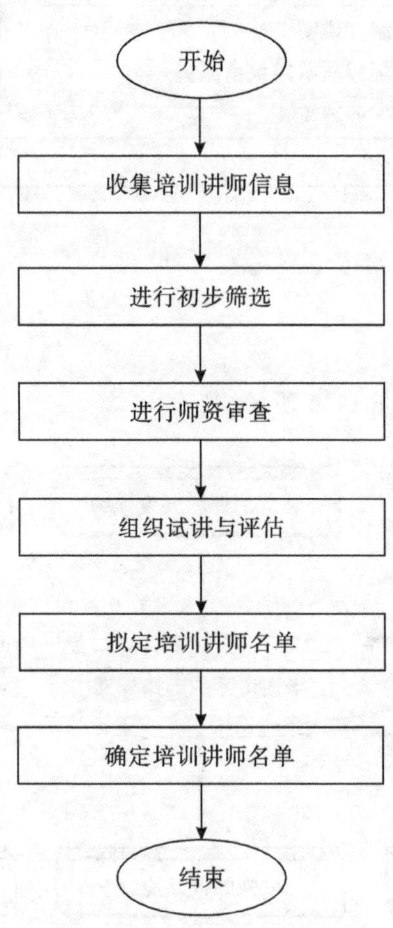

图 1-35　培训讲师确定流程

1. 收集培训讲师信息

通过网络、专业报纸和杂志及他人推荐等渠道收集外部培训讲师的信息。

2. 进行初步筛选

根据企业的培训需要、培训目标、培训对象以及经费进行初步筛选，暂定培训讲师名单。

3. 进行资质审查

培训部及相关负责人对暂定名单中的培训讲师进行资质审查，审查未通过的，一律不得聘用。

4. 组织试讲与评估

培训部及相关负责人与通过资质审查的培训讲师取得联系，组织其进行试讲，并对其试讲效果进行评估。

5. 拟定培训讲师名单

培训部依据企业的实际情况，结合试讲评估结果，拟定培训讲师名单，提交相关领导审核。

6. 确定培训讲师名单

经企业分管培训的领导审核批准后，培训部与培训讲师就相关事项进行沟通，并签订合作协议。

三、培训方法的选择

（一）选择培训方法应考虑的因素

选择培训方法时应考虑的因素如图 1-36 所示。

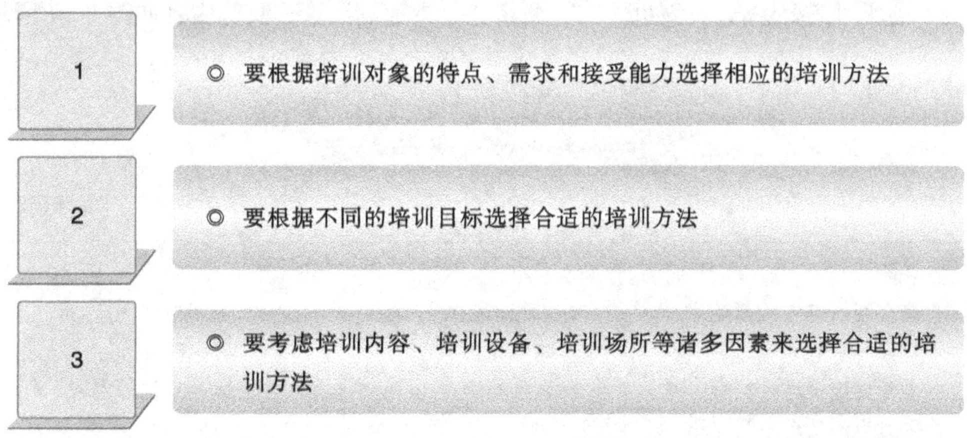

图 1-36　选择培训方法应考虑的因素

（二）不同培训方法所达到的培训效果比较

表1-13对不同培训方法在培训目标的达成效果、学员接受能力方面做了简单比较。

表1-13　不同培训方法所达到的培训效果比较

方法	让学员获得知识	让学员改变态度	提高学员解决问题的能力	提高学员人际关系处理能力	提高学员的接受能力	让学员记忆一些知识
课堂讲授法	效果良好	效果差	效果一般	效果差	效果差	效果很好
演示操作法	效果良好	效果差	效果一般	效果一般	效果差	效果很好
多媒体教学	效果一般	效果一般	效果差	效果一般	效果一般	效果一般
小组讨论法	效果很好	效果良好	效果一般	效果一般	效果一般	效果良好
案例研究法	效果一般	效果一般	效果很好	效果一般	效果很好	效果一般
角色扮演法	效果良好	效果良好	效果良好	效果很好	效果良好	效果一般
游戏训练法	效果一般	效果良好	效果良好	效果良好	效果良好	效果差

四、培训时间的确定和培训场所的选用

（一）培训时间的确定

新员工培训一般在新员工上岗前进行。

（二）培训场所的选用

对讲师和学员来说，选用合适的培训场所是十分重要的，因为舒适的培训环境会促进培训效果。培训场所的选用也要遵循一定的原则，即保证培训实施的过程不受任何干扰。选用培训场所时需要综合考虑如图1-37所示三个方面的因素，具体内容如图1-37所示。

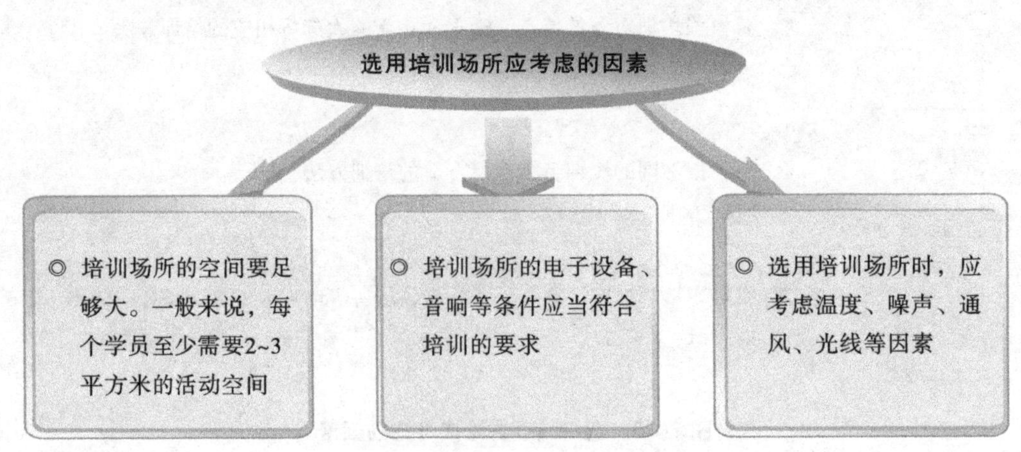

图1-37　选用培训场所应考虑的因素

五、资料设备的准备

（一）培训资料的准备

1. 员工手册

《员工手册》是新员工入职培训的教材之一。

2. 部门内部培训教材

部门内部培训教材主要指各部门的岗位说明书、专业技术文档等，这些都是新员工入职培训教材的重要资料来源。

3. 其他（略）

（二）培训辅助设备的准备

培训辅助设备可以增强授课的效果，方便讲师通过不同的方式展示授课内容。在实际工作中，经常用到的辅助设备及其优缺点如表1-14所示。

表1-14　常用辅助设备及其优缺点

设备名称	优点	缺点
投影仪	◇可允许讲师与学员面对面地沟通培训内容 ◇可及时布置和撤除授课内容 ◇可声情并茂地展示课程内容	◇价格昂贵，不便于运输 ◇要提前进行安装和调试
电影、电视录像	◇多数为专业设备，放映效果好 ◇能在正常光线下使用 ◇多数材料可通过租用降低成本	◇价格昂贵 ◇需要使用特殊的仪器和设备
磁带录音机	◇购买磁带较为便宜 ◇使用方便	◇需要做好一些准备工作，如剪辑等 ◇若磁带使用频率较高，则不易长期保存
白色书写板	◇使用比较方便 ◇记号笔容易购买，且便宜 ◇可以使用多种颜色加以标注	◇书写板的价格比较昂贵 ◇记号笔的笔芯容易干枯 ◇板面光滑，不易书写

（续表）

设备名称	优点	缺点
粘贴展板、磁性展板	◇价格便宜 ◇可以展示优秀作品，且能反复使用	◇使用较少 ◇粘贴物的磁性容易消失
图表、海报	◇可提高色彩和质量 ◇携带方便 ◇可提前准备和反复多次使用	◇容易破损 ◇易分散学员的注意力 ◇第一次准备时工作量太大

在培训开始之前，培训组织部门要将可能用到的培训模型、实物和设备提前准备到位，并对设备进行一一调试和检查，以保证其正常运行。

最好准备备用的电源和投影仪，以防在培训过程中出现断电、投影仪损坏等情况，从而保证培训正常开展。

六、培训纪律的规范

（一）培训纪律的作用

培训的具体实施过程是一个教与学互动、讲师与学员相互沟通的过程，讲师虽然是主导，但学员也是主角，学员是否能够积极地配合和响应讲师、营造互动的课堂气氛，在某种程度上会影响到培训效果的好坏。因此，为了营造良好的互动气氛、提高学员的学习效率，就需要制定培训规章制度，以约束学员的行为。

（二）某公司新员工培训纪律要求

某公司新员工培训纪律要求

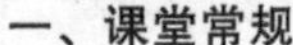

一、课堂常规

1. 新员工培训应按照规定要求着装：男士着深色西装、深色皮鞋（请勿穿牛仔裤、旅游鞋）；女士着套装、针织衫、裙装、非休闲类皮鞋。

2. 学员需在开课前十分钟进入教室并在指定座位就座，同时将手机调成静音状态，上课期间不随便接打电话，且不在教室随意走动，以保持课堂安静。

3. 学员应自觉维护和保持良好的教学秩序，不做与上课无关的事情，并自备文具做好课堂笔记。

（续）

二、教室规则

1. 将物品摆放整齐，保持教室卫生清洁。

2. 教室内严禁吸烟、随地吐痰、乱扔果皮纸屑等杂物。

3. 保持教室内外环境的安静，严禁喧哗打闹。

4. 爱护教学设施，未经允许请勿随意搬动和使用。

5. 下课后应将课桌排放整齐并将座椅归位，最后离开教室的学员应关好门窗和电器设备。

三、考勤制度

1. 学员上课、考试等均记录考勤。

2. 考勤由班主任负责，培训结束后汇总并作为本次培训成绩的一部分，归入员工档案。

3. 严格遵守培训考勤制度，原则上，学员在学习期间不允许请假，并做到不迟到、不早退。如确实不能全程参加培训，需向本次培训班主任提交由部门经理签字的“请假申请单”，经班主任批准后方可认定为请假。请假次数超过三次者即取消本次培训成绩。

4. 培训期间累计旷课不得超过一天，超过者取消本次培训成绩。学员未请假或超过假期的缺勤，均按旷课处理。

5. 对于通过网络、视频参加培训的学员，我们将其每天上线的情况作为出勤记录依据。

四、其他规定（略）

第四节　新员工培训评估管理

一、培训评估的内容

（一）新员工对培训内容的掌握程度

企业可通过测试或问卷的形式，考核新员工对培训内容的理解程度和掌握程度，并以此来衡量培训安排是否合理有效。一般的考核内容如表1-15所示。

表1-15　新员工培训效果初步考核表

文件编号：　　　　　　　　　　　　　　　　填表日期：____年__月__日

姓名		专长		学历	
培训期间		培训项目		培训部门	
新员工对培训项目的了解程度如何					

（续表）

对新员工专门知识（包括技术）的考核	
新员工对各项规章制度的了解情况	
评核新员工提出的改善意见，以实例说明	
分析新员工工作专长，判断其适合哪项工作，并列举理由说明	
新员工辅导员评语：	
总经理签字：　　部门经理签字：　　评核者签字：	

（二）新员工培训组织管理工作的有效性

新员工培训的评估还包括对培训组织管理工作的评估，具体内容如图1-38所示。

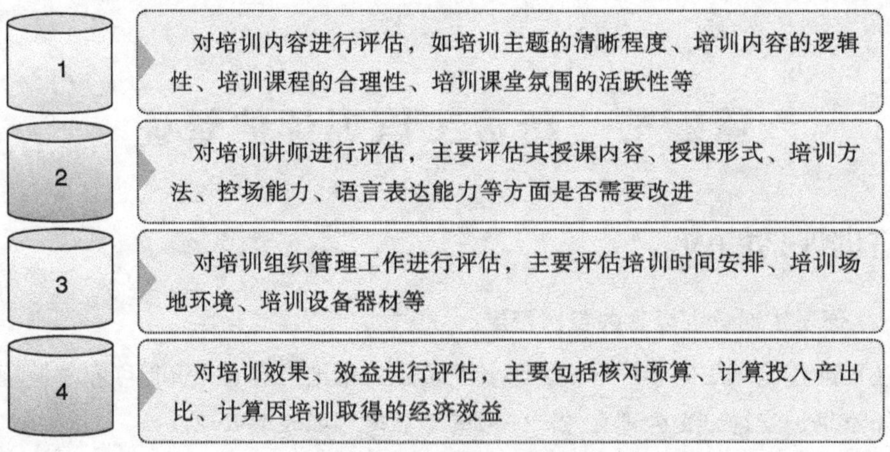

图1-38　新员工培训组织管理工作的评估事项

二、培训评估的方法

1. 考试和测试

考试是针对培训内容而言的，常用于对知识型培训结果的评价，它主要是考查受训学员对培训内容的掌握程度。

2. 现场演练

现场演练是针对一些具有可操作性的培训所实施的考核，其主要是为了验证新员工能否合理运用在培训过程中所学到的方法和技能。

3. 调查问卷

调查问卷是针对难以进行考试和演练的培训内容以及对培训实施过程进行全面评估的常用方法。调查问卷分为开放式、封闭式和半封闭式三种，这三种问卷的特点、优缺点比较如表 1-16 所示。

表 1-16　调查问卷设计的形式及其特点、优缺点分析

<table>
<tr><th>分类
项目</th><th>开放式问卷</th><th>封闭式问卷</th><th>半封闭式问卷</th></tr>
<tr><td>特点</td><td>不对调查问题的答案进行限定，由被调查者根据自己的理解和感受给予回答</td><td>将备选答案以选项的形式列出，由被调查者从中选择自己认为正确的答案</td><td>半封闭式调查问卷是指给出若干个选项，被调查者可以从中选择，也可以自行作答</td></tr>
<tr><td>优点</td><td>开放式问卷可以让被调查者自由发挥，这样所收集到的信息比较真实，同时不同的被调查者的一些较细微的差异也可能反映出来，甚至会有意外的发现</td><td>便于对问卷结果进行汇总和分析</td><td rowspan="2">半封闭式调查问卷不仅具备封闭式调查问卷和开放式调查问卷的优点，而且还弥补了封闭式调查问卷和开放式调查问卷中的缺点</td></tr>
<tr><td>缺点</td><td>对问卷填写者的知识水平和表达能力要求较高，其要深刻领会题目的含义和要求，否则调查问卷设计者很可能得不到所需要的信息</td><td>有限的选项可能难以完全体现被调查者的真实想法。在设计封闭式调查问卷时，必须确保答案全部在选项中列出</td></tr>
</table>

三、培训评估的工具

（一）新员工集中培训调查问卷

“新员工入职后集中培训内容问卷调查表”样例如表 1-17 所示。

表 1-17 新员工入职后集中培训内容问卷调查表

（本表由新员工自己填写）

新员工姓名		所在部门	
新员工岗位		联系方式	

1. 你是否已经了解自己所在部门的组织架构、部门职责及和公司发展目标的关系？

A. 是　　B. 否

2. 你是否已了解自己的工作职责及岗位描述？

A. 是　　B. 否

3. 你是否已熟悉公司主要的规章制度和办事流程？

A. 是　　B. 否

4. 你是否已认识部门中所有的同事？

A. 是　　B. 否

5. 你认为开展部门岗位培训是否达到了预期的效果？

A. 是　　B. 否

6. 今后如果在工作中遇到问题，你是否知道如何寻求帮助？

A. 是　　B. 否

7. 在此次培训过程中，你觉得自己得到了哪些收益？

A. 行业的有关知识　　B. 新的理论和原理　　C. 可用于工作的概念和技术

D. 其他，请说明＿＿＿＿＿＿＿＿＿＿＿＿＿＿＿＿＿＿＿＿

8. 根据时间、成本和成效，你如何评价这次培训项目？

A. 很好　　B. 比较好　　C. 一般

9. 你是如何评价培训讲师的？

A. 非常满意　B. 比较满意　C. 一般　D. 不满意　E. 非常不满意

请说明原因＿＿＿＿＿＿＿＿＿＿＿＿＿＿＿＿＿＿＿＿

10. 你对培训地点的满意程度如何？

A. 非常满意　B. 比较满意　C. 一般　D. 不满意　E. 非常不满意

请说明原因＿＿＿＿＿＿＿＿＿＿＿＿＿＿＿＿＿＿＿＿

11. 你对培训方法的满意程度如何？

A. 非常满意　B. 比较满意　C. 一般　D. 不满意　E. 非常不满意

请提出改进建议＿＿＿＿＿＿＿＿＿＿＿＿＿＿＿＿＿＿＿＿

12. 在集中培训过程中，你认为哪些地方需要改进？

＿＿＿＿＿＿＿＿＿＿＿＿＿＿＿＿＿＿＿＿＿＿＿＿＿＿

13. 在今后的工作中，你希望接受哪些方面的培训？

＿＿＿＿＿＿＿＿＿＿＿＿＿＿＿＿＿＿＿＿＿＿＿＿＿＿

（二）新员工试用期培训效果评价表

“新员工试用期培训效果评价表”样例如表 1-18 所示。

表 1-18　新员工试用期培训效果评价表

填表日期：____年__月__日　　　　　　　　　　　　　　　　编号：

姓名		专长		学历	
培训时间		培训项目		培训部门	
新员工对所接受的培训项目的了解程度					
新员工对培训知识的掌握程度					
新员工对公司规章制度的了解程度					
新员工提出的改善意见和建议	（可举例说明）				
判断新员工是否能胜任相关工作	（通过分析其工作专长，举例说明）				
辅导人员评语					

总经理：　　　　　　　　　　经理：　　　　　　　　　　评核者：

（三）新员工实习期考评表

1. 新员工实习期综合考评表

“新员工实习期综合考评表”样例如表 1-19 所示。

表1-19　新员工实习期综合考评表

考评内容		考评标准	评价内容		得分			
			要点	分值	自评	考评	他评	平均
业绩考评（50分）	重点工作完成情况（25分）	保质、保量、按时完成实习部门分配的重点工作	数量	5分				
			工作进度	7分				
			实际效果	8分				
			性质及难度	5分				
	合理化建议（25分）	主题鲜明、内容创新，有助于实习部门或公司各项工作的改进	数量	5分				
			主题	5分				
			内容	7分				
			意义	8分				
能力考评（30分）	协作能力（10分）	严于律己，宽以待人，与上级和同事之间能够和睦相处，人际关系和谐	工作上	2分				
			活动上	2分				
			与上级	3分				
			与同事	3分				
	学习能力（10分）	快速、准确地获取所需知识或信息，能根据环境变化提高自己的适应性	业务检验	5分				
			工作观察	3分				
			业余阅读	2分				
	表达能力（10分）	以口头或书面形式准确、恰当地表达自己的观点或想法	普通话	3分				
			文笔	3分				
			思路	4分				
态度考评（20分）	遵规守纪（10分）	遵守各项规章制度，积极参加公司或所在部门举办的各项活动，主动维护公司各项规章制度的严肃性	考勤	3分				
			工作及活动期间表现	3分				
			遵章守纪	4分				
	个人形象（10分）	衣着整洁、举止文明，言谈礼貌得体，待人接物有理有节	衣着	3分				
			言谈	2分				
			举止	2分				
			待人接物	3分				

2. 新员工实习期培训成果部门评价表

"新员工实习期培训成果部门评价表"样例如表 1-20 所示。

表 1-20　新员工实习期培训成果部门评价表

以下内容由新员工填写			以下内容由员工所在部门负责人填写		
姓名			姓名		
所在部门			岗位		
岗位			职务		
本月重点计划			部门负责人意见、要求		
序号	工作内容	完成进度	1		
1			2		
2			3		
3			4		
新员工对培训的建议或要求			部门负责人对新员工实习期的评价		
			项目	评价标准（每项 10 分）	评价得分
			职业道德	遵规守纪、诚实守信	
				爱岗敬业、忠于职守	
				积极主动、富有团队协作精神	
				责任心强、勇于承担责任	
			工作能力	能灵活运用专业知识，动手能力强	
				勤学好问，善于思考	
				工作独立性强，进入工作角色快	
			工作绩效	工作结果符合培训计划要求	
				工作能力得到明显提高	
				能提出工作持续改进的意见和建议	
导师意见： 导师签名：			员工意见： 员工签名：	综合评分	

四、培训评估的流程

培训评估的流程主要包括六个步骤，具体内容如图 1-39 所示。

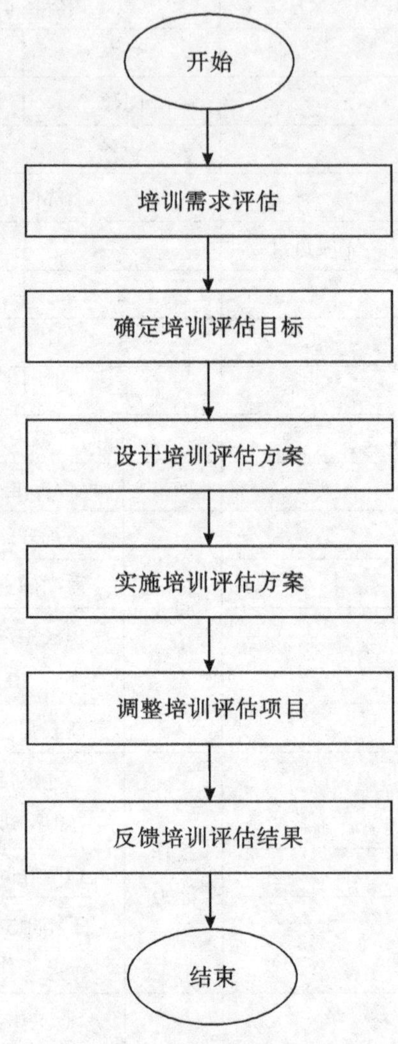

图 1-39　培训评估流程

（一）培训需求评估

进行培训需求分析是培训项目设计的第一步，也是培训评估的第一步。实施培训需求评估首先要由评估人员重新进行培训需求分析，找出新员工在知识、技能、态度等方面的差距和不足，以确定培训的必要性和目标。

（二）确定培训评估目标

培训目标主要界定培训要解决什么问题、员工要达到什么水平，以及具体的目标是什么等问题，它决定着评估项目和评估方法的选择。评估培训目标的实现程度是衡量培训效果的重要指标之一。

（三）设计培训评估方案

培训评估方案主要包括六项内容，具体如图 1-40 所示。

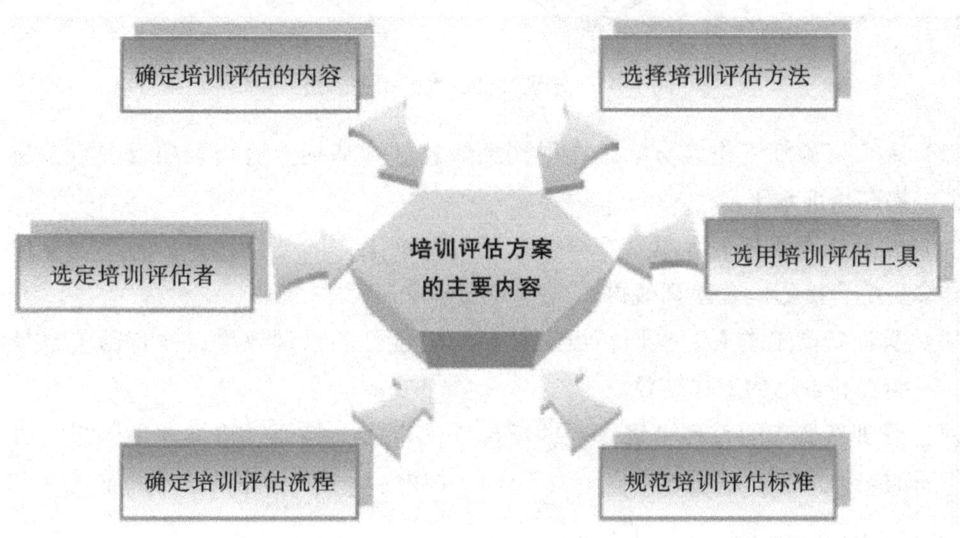

图 1-40　培训评估方案的主要内容

（四）实施培训评估方案

对反应层的评估，一般在培训中或培训刚结束时进行调查，这样可以避免因时间间隔较长，导致学员可能会忘记当时的培训感受，从而使调查数据失真。

对行为或结果层的评估，一般可以选择在培训结束一段时间后（如 3～6 个月）进行，因为培训效果的作用尚需一段时间才能发挥出来。

（五）调整培训评估项目

如果培训信息收集到的结果表明培训项目没有取得什么效果或是存在其他问题，人力资源开发人员就要对该培训项目进行调整或考虑取消该培训项目。如果评估结果表明，培训项目的某些部分不够有效，如内容不合适、授课方式不当、受训人员本身缺乏积极性等，人力资源开发人员就可以有针对性地对这些部分进行重新设计或调整。

（六）反馈培训评估结果

培训评估结果一般需要反馈给参与培训工作的相关人员，具体内容如图 1-41 所示。

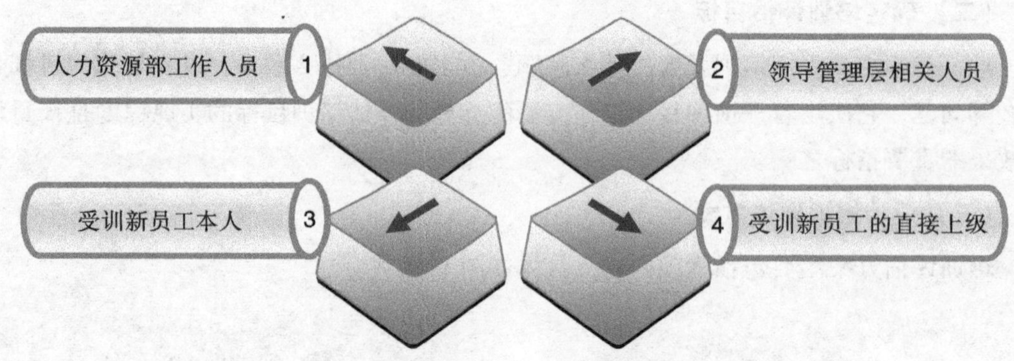

图 1-41　培训评估反馈的相关人员

（1）人力资源部工作人员。其在得到反馈意见的基础上对培训项目进行改进，精益求精，提高培训水平。

（2）领导管理层相关人员。领导管理层对培训工作的支持与否、对培训项目投入的资金多少等直接影响着培训效果。

（3）受训新员工本人。受训新员工只有明确自己的培训效果，才有助于自身取长补短，不断提高自己的工作绩效。

（4）受训新员工的直接上级。受训新员工的直接上级通过培训评估结果，可以掌握其下属的培训情况，以便于指导下属工作，并作为对下属考核的参考因素之一。

五、评估报告的撰写

（一）撰写培训评估报告的目的

撰写《新员工培训评估报告》的目的主要体现在以下五个方面，具体内容如图 1-42 所示。

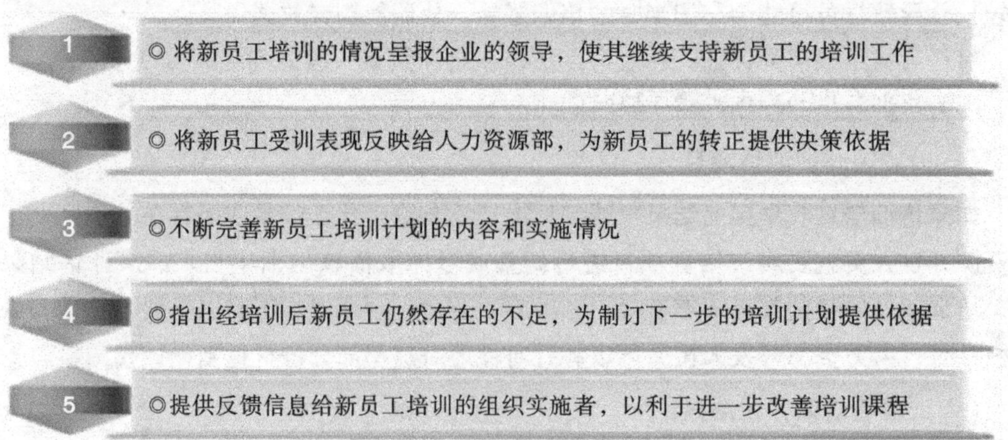

图 1-42　撰写《新员工培训评估报告》的目的

（二）评估报告的内容

评估报告的内容主要包括以下五部分。

（1）导言，即说明培训项目的概况、评估的目的和性质。

（2）概述评估实施的过程。

（3）阐述评估结果。

（4）解释、评论评估结果并提出参考意见。

（5）附录，其内容主要包括收集评估信息所采用的相关资料、图表、工具等，目的在于让他人判定评估者的评估工作是否科学、合理。

（三）撰写新员工培训评估报告的步骤

《新员工培训评估报告》的撰写过程包括以下四个步骤，具体内容如图 1-43 所示。

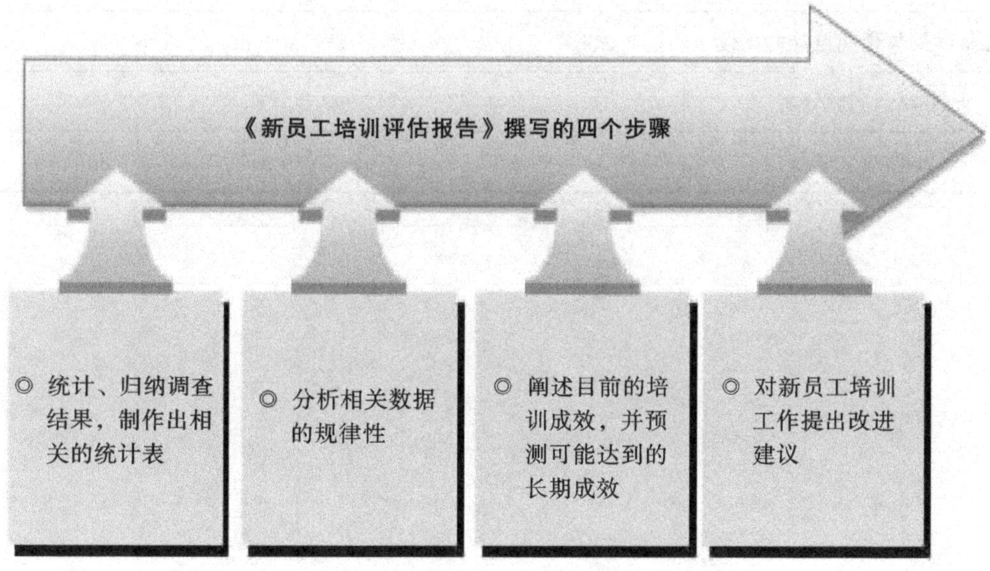

图 1-43 《新员工培训评估报告》撰写的四个步骤

（四）《新员工培训评估报告》样本

表 1-21 是一份《新员工培训评估报告》的样本，其反映了新员工培训评估报告的基本内容和结构，培训评估人员可根据实际情况和需要进行填写。

表 1-21 新员工入职培训评估报告

撰写日期：____年__月__日

<table>
<tr><td rowspan="2">培训需求说明</td><td colspan="2" rowspan="2"></td><td>新员工类型</td><td></td></tr>
<tr><td>受训总人数</td><td></td></tr>
<tr><td colspan="2">项目</td><td colspan="3">内容</td></tr>
<tr><td colspan="2">新员工培训的目标分析</td><td colspan="3"></td></tr>
<tr><td colspan="2">培训实施过程说明</td><td colspan="3"></td></tr>
<tr><td colspan="2">培训效果的调查数据</td><td colspan="3">（可附统计表或统计图）</td></tr>
<tr><td colspan="2">调查数据统计分析</td><td colspan="3"></td></tr>
<tr><td colspan="2">培训评估的结果</td><td colspan="3"></td></tr>
<tr><td colspan="2">评估结果与预期目标的比较</td><td colspan="3"></td></tr>
<tr><td colspan="2">存在的问题分析</td><td colspan="3"></td></tr>
<tr><td colspan="2">培训改进建议</td><td colspan="3"></td></tr>
</table>

第二章

新员工培训课程

第一节 新员工通用课程体系

一、企业介绍类培训课程

（一）企业介绍类课程的内容维度

企业介绍类课程适用于企业全体员工。新入职的员工必须参加企业介绍类课程的培训。企业介绍类课程的内容如表2-1所示。

表2-1 企业介绍类课程的内容

序号	维度		具体内容
1	企业概况		企业名称、企业Logo、企业发展战略与规划、企业发展目标、企业核心竞争力、企业规模、企业组织结构、企业各项规章制度、企业文化
2	发展历程		主要讲述企业从创业开始到至今的发展情况，如分公司的创建、新产品的上市、企业并购、市场开拓
3	创始人成就		企业历代创始人的简介、对企业发展做出的贡献、任职期间发生的重大事件、创始人的经营风格、创始人与企业之间的故事
4	产品介绍		企业经营的产品种类、性能、价格、利润、销售情况、产品销售策略、产品竞争点以及竞争对手产品的介绍
5	环境	内部	人力资源状况（人数及质量）、财务状况、设备状况、市场营销能力、价值链
		外部	行业状况、市场地位、企业市场占有率、市场份额、竞争对手的情况

（二）企业介绍类培训课程体系

企业设计介绍类培训课程体系的目的在于使新员工能够全面了解企业，从而尽快融入企业。企业介绍类培训课程体系如表2-2所示。

表2-2 企业介绍类培训课程体系

课程编号	课程名称	课时	培训主体	授课形式
OI001	企业经营之道	2小时	总经理/副总经理	面授
OI002	企业发展史	2小时		
OI003	企业环境分析与诊断	3小时		
OI004	解析企业核心竞争力	2小时		

（续表）

课程编号	课程名称	课时	培训主体	授课形式
OI005	快速了解企业组织结构	2小时	人力资源部	面授
OI006	轻松搞定企业规章制度	2小时		
OI007	企业产品全攻略	3小时	××	E-Learning
OI008	企业 Logo 演变史	1小时	××	E-Learning
OI009	企业重大事件的回顾	1小时	××	E-Learning
OI010	企业创始人的英雄事迹	2小时	××	E-Learning
备注	OI（Organization Introduction）是指企业介绍类课程的代码			

二、企业文化类培训课程

（一）企业文化类课程内容维度

企业文化是一个企业由其价值观、信念、仪式、符号、处事方式等组成的其特有的文化形象。企业文化类课程内容维度及细分如图2-1所示。

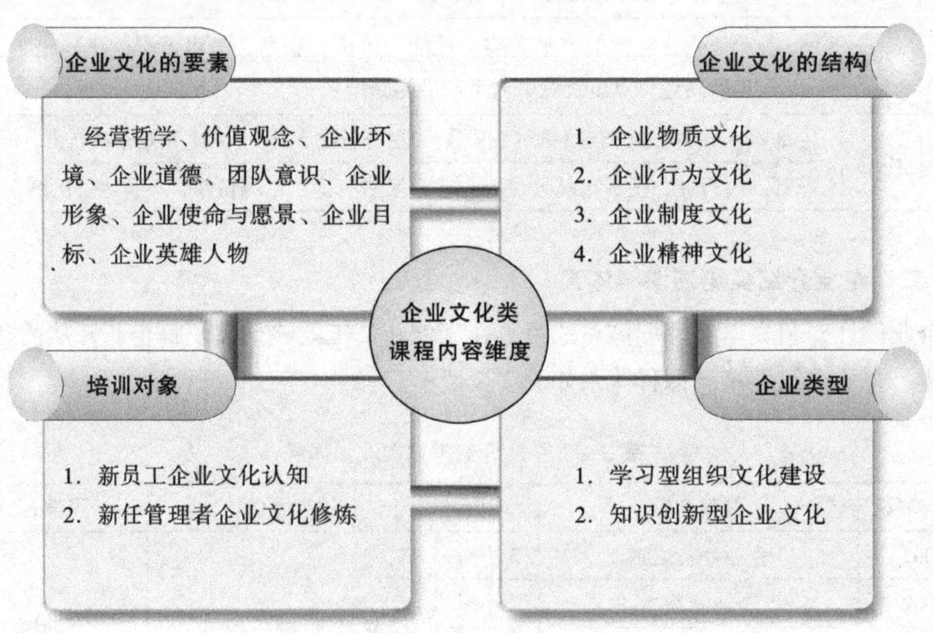

图2-1 企业文化类课程内容维度及细分

不同行业的企业文化培训内容重点有所差异。例如，服务行业的企业文化的培训内容侧重于企业的礼仪和员工的行为规范；连锁经营企业的企业文化的培训内容侧重于先进的管理理念和各国文化的融合；旅游企业的企业文化的培训内容侧重于旅游企业形象战略（CIS）。

（二）企业文化类培训课程体系

企业设计文化类培训课程体系的目的在于增强员工对企业的认同感，使其能够认可企业的价值观和人才观。企业文化类培训课程体系如表 2-3 所示。

表 2-3　企业文化类培训课程体系

课程模块	课程编号	课程名称	培训对象
认知篇	OCA001	企业名称与企业 Logo	新入职员工
	OCA002	企业工作环境和企业发展历程	
	OCA003	企业人才资源和企业薪酬福利	
	OCA004	企业主要规章制度导读	
认同篇	OCB001	企业发展战略与经营目标	全体新员工
	OCB002	企业经营哲学	
	OCB003	企业使命与愿景	
	OCB004	企业精神与企业道德	
修炼篇	OCC001	诊断、评价企业文化的技巧	企业新任中高层管理者
	OCC002	如何提炼优秀的企业文化	
	OCC003	如何使企业文化执行到位	
	OCC004	如何塑造卓越的企业文化	

说明："OC"（Organization Culture）是指"企业文化"；"A"代表"认知篇"，"B"代表"认同篇"，"C"代表"修炼篇"。

三、职业素养类培训课程

（一）职业素养类课程内容维度

进入 21 世纪后，我国企业所面临的市场竞争日益激烈，要想在竞争中立于不败之地，就要提升企业员工的职业素养，从而提升企业的竞争力。

职业素养类课程内容可以从员工的诚信、责任、敬业、忠诚四个维度进行划分，具体内容如图 2-2 所示。

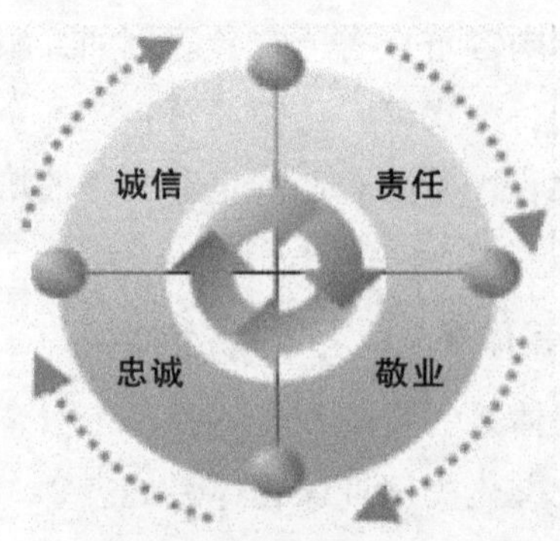

图2-2 职业素养类课程内容维度

上述培训内容的四个维度介绍如表2-4所示。

表2-4 职业素养类课程内容维度介绍

维度名称	维度介绍
诚信	诚信是指在工作中能以诚实、善意的心态行使权利及履行义务
责任	责任是指在工作职责的基础上完成工作任务的意识
敬业	敬业是指员工以忘我投入的志趣和认真负责的态度进行工作时所体现出的个人品质
忠诚	忠诚是指对工作、团队、企业的信任及忠实的程度

（二）职业素养类培训课程体系

根据职业素养类培训课程内容维度所设计的课程体系如表2-5所示。

表2-5 职业素养类培训课程体系

<table>
<tr><th>课程模块</th><th>课程编号</th><th>课程名称</th><th>授课时间</th></tr>
<tr><td rowspan="4">诚信</td><td>CX-001</td><td>如何恪守诚信</td><td>3小时</td></tr>
<tr><td>CX-002</td><td>诚信创造价值</td><td>2小时</td></tr>
<tr><td>CX-003</td><td>树立员工的诚信观</td><td>2小时</td></tr>
<tr><td>CX-004</td><td>新员工诚信培训指南</td><td>2小时</td></tr>
<tr><td rowspan="2">责任</td><td>ZR-001</td><td>员工如何用行动担当责任</td><td>2小时</td></tr>
<tr><td>ZR-002</td><td>如何提升员工的责任意识</td><td>3小时</td></tr>
<tr><td rowspan="2">敬业</td><td>JY-001</td><td>员工敬业精神的提升之道</td><td>3小时</td></tr>
<tr><td>JY-002</td><td>提升员工敬业精神的八大技巧</td><td>2小时</td></tr>
</table>

（续表）

课程模块	课程编号	课程名称	授课时间
忠诚	ZC-001	一位优秀员工的忠诚度	3 小时
	ZC-002	提升员工忠诚度的六大绝招	2 小时
	ZC-003	低成本提高员工忠诚度的十种方法	2 小时
	ZC-004	用企业文化为员工的忠诚“买保险”	2 小时

四、工作方法类培训课程

（一）工作方法类课程内容维度

在工作过程中，选择好的工作方法至关重要，因为科学的工作方法可以取得事半功倍的效果。“磨刀不误砍柴功”也说明了这一点，科学的工作方法就如锋利的宝剑，它能扫除工作上的障碍，使工作效率得到极大提高。

工作方法类课程内容维度可以按照完成工作的步骤进行划分，具体内容如图 2-3 所示。

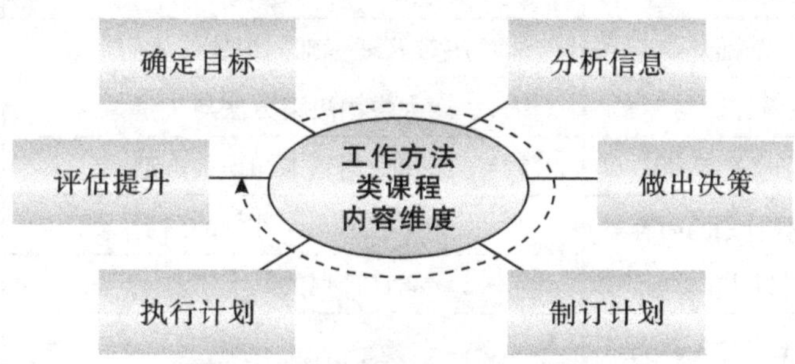

图 2-3　工作方法类课程内容维度

课程设计人员可对每个工作方法类课程内容维度进行进一步细分，具体内容如表 2-6 所示。

表 2-6　工作方法类课程内容维度及细分

维度名称	维度细分
确定目标	目标管理基础知识、工作目标的设定与分解等
分析信息	分析信息的思维方式、信息分析方法和工具
做出决策	决策基础知识、决策方法与工具
制订计划	基础知识、工作计划的内容以及常用制订计划的工具
执行计划	执行计划的原则以及方法
评估提升	工作评估的作用、内容和评估工具

（二）工作方法类培训课程体系

课程设计人员可以根据表 2-6 设计工作方法类培训课程体系，具体内容如表 2-7 所示。

表 2-7　工作方法类培训课程体系

<table>
<tr><th>课程模块</th><th>课程模块细分</th><th>课程名称</th><th>授课时间</th></tr>
<tr><td rowspan="5">确定目标</td><td>基础知识</td><td>目标管理知识快速入门</td><td>2 小时</td></tr>
<tr><td rowspan="3">工作目标设定</td><td>设立工作目标的八大技巧</td><td>3 小时</td></tr>
<tr><td>如何设立工作总目标</td><td>2 小时</td></tr>
<tr><td>如何为某项工作设定精准的目标</td><td>2 小时</td></tr>
<tr><td>工作目标分解</td><td>工作目标分解的八大方法</td><td>3 小时</td></tr>
<tr><td rowspan="3">分析信息</td><td rowspan="2">分析信息的思维方式</td><td>有效数据信息分析的三大思维方式</td><td>2 小时</td></tr>
<tr><td>有效文字信息分析的五大思维方式</td><td>2 小时</td></tr>
<tr><td>信息分析方法和工具</td><td>常用信息分析 N 大方法</td><td>3 小时</td></tr>
<tr><td rowspan="2">做出决策</td><td>基础知识</td><td>决策管理基础知识快速入门</td><td>2 小时</td></tr>
<tr><td>决策方法与工具</td><td>四大常用决策方法与工具</td><td>3 小时</td></tr>
<tr><td rowspan="3">制订计划</td><td>基础知识</td><td>工作计划基本知识一点通</td><td>2 小时</td></tr>
<tr><td rowspan="2">工作计划的内容与常用制订计划的工具</td><td>如何确定工作计划的内容</td><td>2 小时</td></tr>
<tr><td>制订计划的八大工具</td><td>2 小时</td></tr>
<tr><td rowspan="2">执行计划</td><td>工作计划执行原则</td><td>工作计划执行法则 ABC</td><td>2 小时</td></tr>
<tr><td>工作计划执行方法</td><td>提升工作计划执行效率的 N 种方法</td><td>3 小时</td></tr>
<tr><td rowspan="2">评估提升</td><td>工作评估内容</td><td>如何确定工作评估内容</td><td>2 小时</td></tr>
<tr><td>评估方法与工具</td><td>工作评估的 N 种方法与工具</td><td>3 小时</td></tr>
</table>

五、商务沟通类培训课程

（一）商务沟通类课程内容维度

商务沟通是指企业通过大量的商务活动，凭借一定的渠道，将企业有关商务经营的各种信息发送给企业内外既定的商务对象，并寻求反馈以求得到企业内外的相互理解、支持与合作的过程。

商务沟通可以按照声音语言沟通、文字语言沟通以及肢体语言沟通三个维度进行划分，具体内容如图 2-4 所示。

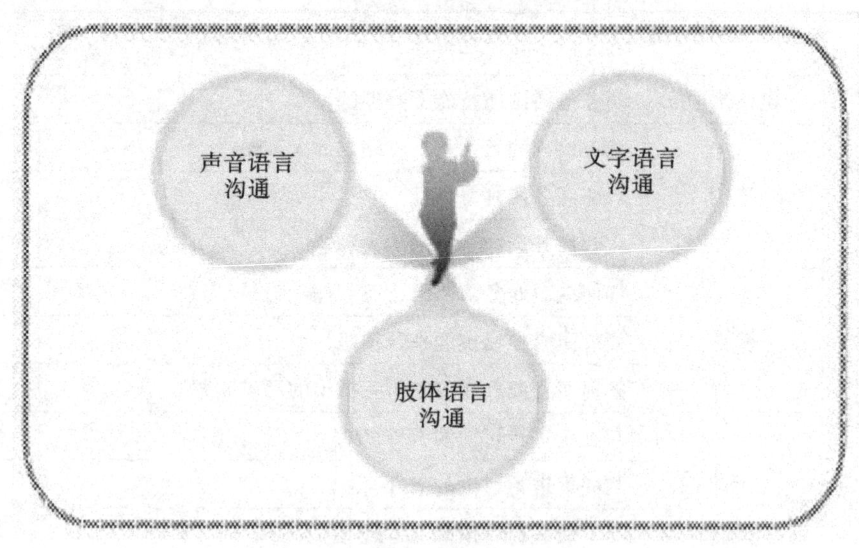

图 2-4 商务沟通课程内容维度

商务沟通在每个内容维度上又可以细分为多种具体的商务沟通形式，具体内容如表 2-8所示。

表 2-8 商务沟通课程内容维度及细分

序号	维度名称	维度细分
1	声音语言沟通	商务电话沟通、商务谈判、商务演讲以及讨论等
2	文字语言沟通	各种商务信函以及工作文书（如工作总结、工作报告等）
3	肢体语言沟通	语调、眼神、面部表情、手势等

（二）商务沟通类培训课程体系

为了提高企业商务沟通效率，课程开发人员可以根据商务沟通培训课程内容维度进行课程体系设计，具体内容如表 2-9 所示。

表 2-9　商务沟通类培训课程体系

课程模块	课程模块细分	课程名称	授课时间
声音语言沟通	基本知识	商务沟通基本知识快速入门	2 小时
		商务谈判知识一点通	2 小时
	电话沟通	商务电话沟通技能提升训练	3 小时
	谈判	商务谈判的五大基本思路与八大策略	3 小时
		双赢商务谈判 30 招	3 小时
		化解商务谈判冲突的八大利器	3 小时
	演讲	如何组织商务演讲语言	3 小时
		商务演讲控场技能提升训练	2 小时
		如何回答商务演讲中听者提出的刁难问题	2 小时
	讨论	与上级进行讨论的 N 个绝招	2 小时
		与同事进行讨论的 N 个绝招	2 小时
		与下属进行讨论的 N 个绝招	2 小时
文字语言沟通	商务信函	外贸商务信函写作技巧与模板	3 小时
		电子商务信函写作技巧与模板	3 小时
	工作文书	工作总结与报告写作技能提升全攻略	3 小时
		财务工作总结与报告写作技巧与模板	2 小时
		营销工作总结与报告写作技巧与模板	2 小时
		人力资源管理工作总结与报告写作技巧与模板	2 小时
		图表在工作文书中的应用技能提升训练	2 小时
肢体语言沟通		商务沟通中掌控自己语调的技巧	2 小时
		商务谈判中肢体语言的 N 个使用技巧	3 小时

六、新型技术类培训课程

（一）新型技术类课程内容维度

如今，随着大数据、云计算、移动互联网等技术的不断发展，人们的工作与生活发生了很大的改变，同时这些新型技术的涌入对经济与社会发展产生的影响更是不容小觑，因此企业对员工进行新型技术类培训不可缺少。

图 2-5 依照四个维度对新型技术类的培训内容进行了划分。

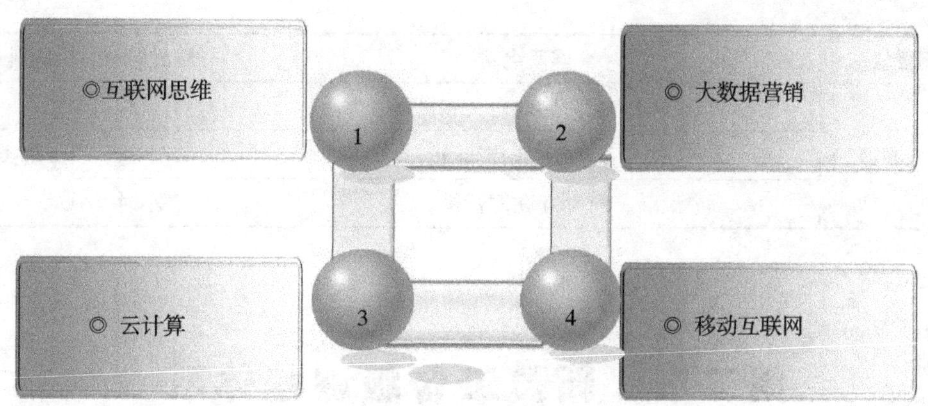

图 2-5　新型技术类培训课程内容划分维度

（二）新型技术类培训课程体系

企业设计新型技术类课程体系的目的在于使新员工能够快速、全面地了解互联网、大数据、云计算及其对员工、企业、营销等的影响，使企业及员工紧跟时代发展的步伐。企业新型技术类培训课程体系如表 2-10 所示。

表 2-10　企业新型技术类培训课程体系

课程模块	课程名称	课程时长	培训对象
互联网思维	互联网思维及其内涵	2 小时	全体员工
	互联网思维的特征	2 小时	
	互联网思维给我们工作的启示	3 小时	
大数据营销	认识大数据时代	0.5 小时	全体员工
	大数据与互联网	0.5 小时	
	大数据带来的机遇和挑战	1 小时	
	大数据时代的思维变革	1 小时	
	大数据营销的定义	2 小时	市场类员工
	大数据营销的理念	3 小时	
	大数据营销的策略	2 小时	
	微时代的大数据营销实战案例解析	3 小时	
云计算	认识云计算	1 小时	技术员工
	云计算的特点	1 小时	
	云计算对企业活动的影响	1 小时	

（续表）

课程模块	课程名称	课程时长	培训对象
移动互联网	移动互联网的定义和发展	1 小时	市场类员工
	移动互联网产业链	1 小时	
	移动互联网营销	2 小时	

第二节　新员工晋级课程体系

一、专员—主管晋级培训课程

（一）专员—主管晋级培训结构的变化

主管级管理人员在企业管理层中属于基层管理人员，他们在企业生产、销售和研发等生产经营活动第一线执行管理职能，其主要工作是协调和解决员工在工作中遇到的具体问题。从专员晋升至主管后，其知识、技能和能力结构会有所变化，具体内容如图 2-6所示。

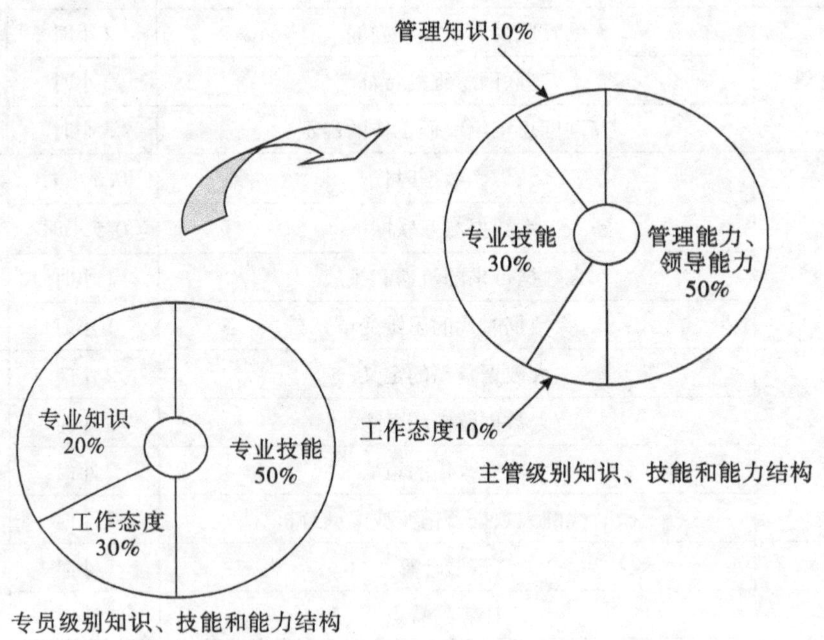

图 2-6　专员—主管晋级的知识、技能和能力结构的变化

（二）专员—主管晋级培训课程体系

主管级管理人员在企业中扮演着生产参与者、计划执行者和组织者等多种角色，其需要具备熟练的专业技能和一定的管理技能。因此，企业对其进行晋级培训的重点应放在提升其管理和领导能力方面。专员—主管晋级培训课程体系如表2-11所示。

表2-11　专员—主管晋级培训课程体系

<table>
<tr><th>培训方向</th><th colspan="2">培训内容</th></tr>
<tr><td rowspan="2">业务能力培训</td><td colspan="2">业务流程、业务规范、经营与运作管理、营销管理、成本管理、相关法律、制度和规范等</td></tr>
<tr><td colspan="2">安全管理、突发事件处理等</td></tr>
<tr><td rowspan="11">管理能力培训</td><td rowspan="2">管理角色认知</td><td>管理者的角色、地位与责任</td></tr>
<tr><td>管理人员的素质要求</td></tr>
<tr><td rowspan="9">管理技能</td><td>团队建设与管理</td></tr>
<tr><td>员工关系的处理与协调</td></tr>
<tr><td>员工培训</td></tr>
<tr><td>员工绩效管理</td></tr>
<tr><td>人员、工作调配</td></tr>
<tr><td>如何改进员工的工作表现</td></tr>
<tr><td>如何增强员工的成本意识</td></tr>
<tr><td>如何提高员工的工作热情</td></tr>
<tr><td>如何培养下属</td></tr>
<tr><td rowspan="5">领导能力培训</td><td colspan="2">业务决策能力</td></tr>
<tr><td colspan="2">处理及运用信息的能力</td></tr>
<tr><td colspan="2">如何有效激励员工</td></tr>
<tr><td colspan="2">如何加强员工内部的团结</td></tr>
<tr><td colspan="2">如何树立主管的威信</td></tr>
</table>

二、主管—经理晋级培训课程

（一）主管—经理晋级培训结构的变化

经理级别的管理人员在企业管理层中属于中层管理人员，是处于高层管理人员和基层管理人员之间的一个或多个中间层次的管理人员，是企业管理团队的中坚力量，起着承上启下的作用，同时其对上下级之间的信息沟通也发挥着重要的作用。

从主管级别晋升至经理级别的知识、技能和能力结构变化如图 2-7 所示。

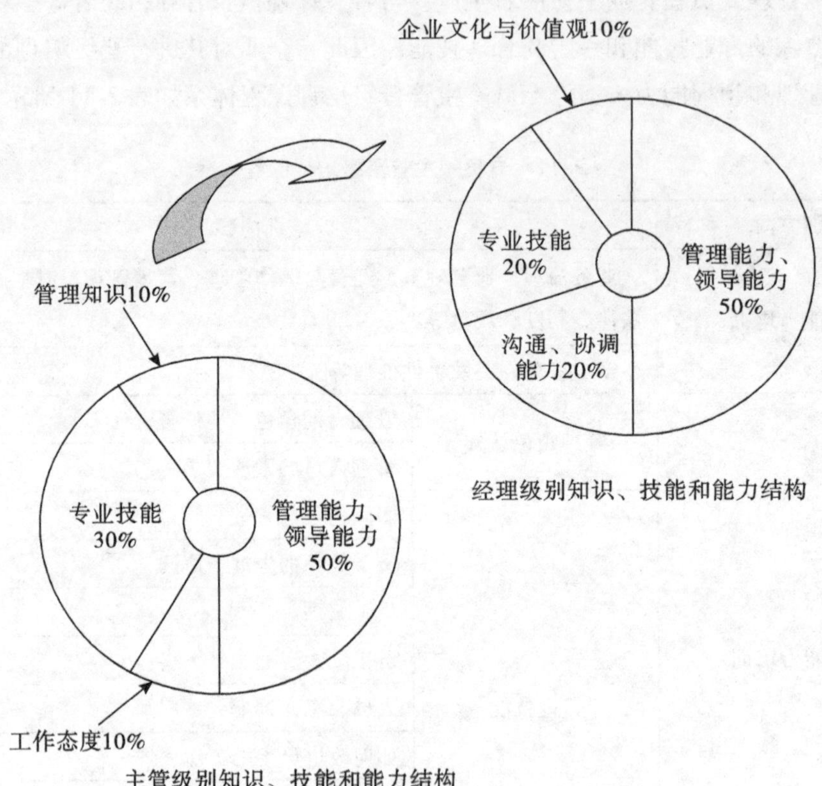

图 2-7　主管—经理晋级的知识、技能和能力结构变化

（二）主管—经理晋级培训课程体系

开展主管—经理晋级培训的目的是使其明确企业的经营目标和经营方针，了解企业的宗旨、使命、价值观和企业文化，并为其提供胜任未来工作所必需的知识和技能，使其适应不断变化的环境并解决所面对的问题，从而提升企业的整体管理水平。主管—经理晋级培训课程体系如表 2-12 所示。

表 2-12　主管—经理晋级培训课程体系

培训方向	培训内容
专业知识	专业技术知识、经营核算知识、如何设定目标、如何做好预测、如何制订计划与预算、如何设计组织结构、如何编制进度报告、如何评估工作成果等

（续表）

<table>
<tr><th>培训方向</th><th colspan="2">培训内容</th></tr>
<tr><td>业务能力培训</td><td colspan="2">行业生产流程、先进技术、成本管理、设备更新换代、经营模式、时间管理、项目管理、目标管理、安全管理、突发事件处理等</td></tr>
<tr><td rowspan="11">管理能力培训</td><td rowspan="2">管理角色认知</td><td>中层管理者的角色、地位与责任</td></tr>
<tr><td>中层管理人员的素质要求</td></tr>
<tr><td rowspan="9">管理技能</td><td>团队建设与管理</td></tr>
<tr><td>上下级关系的处理与协调</td></tr>
<tr><td>先进技术和设备知识的补充与实际运用</td></tr>
<tr><td>基层管理人员的安排与调配</td></tr>
<tr><td>如何提高员工的总体技能水平</td></tr>
<tr><td>如何提高员工的整体素质</td></tr>
<tr><td>如何提高员工的满意度</td></tr>
<tr><td>如何改善工作环境</td></tr>
<tr><td>如何培养基层管理人员</td></tr>
<tr><td rowspan="6">领导能力培训</td><td colspan="2">对企业文化和价值观的理解与运用</td></tr>
<tr><td colspan="2">对事件的处理能力和整体把握能力</td></tr>
<tr><td colspan="2">处理及运用信息的能力</td></tr>
<tr><td colspan="2">如何有效激励基层管理人员</td></tr>
<tr><td colspan="2">如何加强基层管理人员的沟通与团结</td></tr>
<tr><td colspan="2">如何树立经理的威信</td></tr>
</table>

三、经理—总监晋级培训课程

（一）经理—总监晋级培训结构的变化

总监级别的管理人员在企业管理层中属于高层管理人员，其决策对整个企业的发展有着重大影响，他既是决策者，又是监督控制者。

从经理级别晋升至总监级别的培训结构变化如图 2-8 所示。

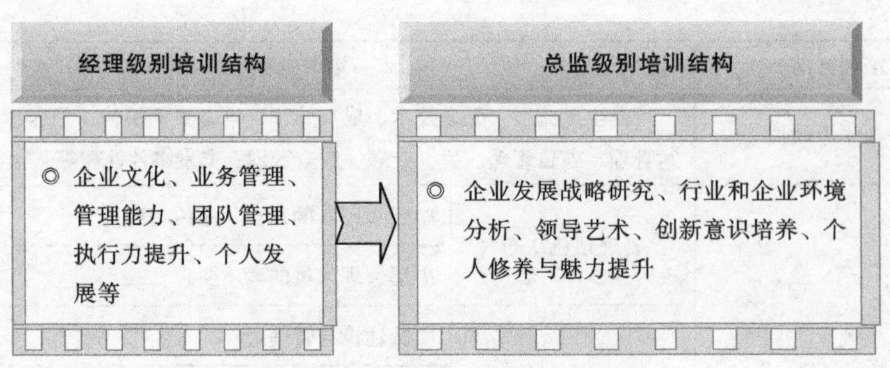

图 2-8　经理—总监晋级培训结构变化

（二）经理—总监晋级培训课程体系

总监级的晋级培训内容更侧重于宏观的角度或整体战略方面，经理—总监晋级培训课程体系如表 2-13 所示。

表 2-13　经理—总监晋级培训课程体系

培训方向	培训内容	培训方向	培训内容
专业知识	人力资源管理、生产管理、财务管理、质量管理、信息管理等	财务管理能力	财务管理、财务报表分析、财务管理的价值观念、投资与融资管理
外部环境	国内（全球）经济和政治状况、企业所处的经营环境分析、企业所属行业发展研究、各级政府的各项政策法规、市场发展前景、新兴科技和产业	战略发展研究	战略思维与计划、内部资源分析、企业面临的机遇与挑战、企业核心竞争力研究、如何制定企业发展战略
对策研究	博弈论、运筹学、对策论	经营思想的探讨	企业宗旨、经营哲学、管理模式、企业文化
控制和影响	权力结构的建立和维持、有效的控制机制、管理信息系统和电子商务系统的引入	用人管理	激励理论及实践、内部授权和责任中心、劳资关系、人才开发和继任计划、企业的人性化管理
领导艺术	团队管理、员工激励、目标管理、高效沟通、冲突管理、员工潜力开发	个人修养与魅力提升	领导魅力、自信力、企业家精神、商务礼仪

第三章

新员工培训方式

第一节　五种典型的传统培训方式

一、讲师面授

（一）企业内部讲师培训

1. 适合企业内部讲师培训的范围

适合企业内部讲师培训的课程主要是那些与企业、部门、岗位及工作密切相关的新员工入职培训课程，如企业介绍类课程、企业文化类课程、企业规章制度及岗位技能类课程。因为企业内部人员才是最熟悉企业的人。企业高层领导、人力资源部经理、部门主管、专业技术人员都可以被邀请来就不同的内容给新员工做入职培训。

2. 企业内部讲师培训的优缺点

企业内部讲师培训的优缺点如图 3-1 所示。

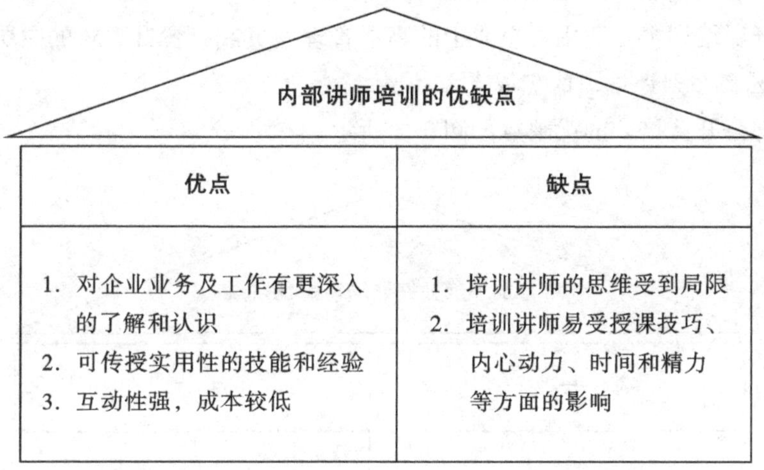

图 3-1　内部讲师培训的优缺点比较

（二）企业外部讲师培训

1. 适合企业外部讲师培训的范围

适合聘请企业外部讲师的培训课程，主要是一些职业素养类课程和通用管理技能类课程，如商务礼仪、时间管理、沟通技巧、职业心态等课程。

2. 企业外部讲师培训的优缺点

企业外部讲师培训的优缺点如图 3-2 所示。

外部讲师培训的优缺点	
优点	缺点
1. 授课技能较强，互动性强，培训效果较好 2. 带来解决问题的新思路和新方法	1. 讲师对企业的了解程度不够，针对性不强 2. 授课费用较高，培训成本较高

图 3-2　外部讲师培训的优缺点比较

（三）参加外部公开课培训

1. 适合参加外部公开课培训的范围

外部公开课培训主要适用于企业中的高层管理人员或有晋升需求的中层管理人员。

2. 参加外部公开课培训的优缺点

参加外部公开课培训的优缺点如图 3-3 所示。

参加外部公开课培训的优缺点	
优点	缺点
1. 便于管理人员之间的相互沟通和交流 2. 可带来解决问题的新思路和新方法	1. 难以有针对性地解决企业的实际问题 2. 时间固定，互动性较差，无法保证质量

图 3-3　参加外部公开课培训的优缺点比较

二、岗位轮换

（一）岗位轮换培训方式简介

岗位轮换培训方式是指让受训者在预定的时期内变换工作岗位，使其获得不同岗位的工作经验。现在很多企业采用岗位轮换培训方式来培养新进入企业的年轻管理人员或有管理潜力的未来的管理人员。

在为新员工安排岗位轮换时，要考虑培训对象的个人能力以及他的需要、兴趣、态度和职业偏好，从而为其选择合适的工作岗位；岗位轮换时间的长短取决于培训对象的学习能力和学习效果，而不是机械地规定某一时间。

（二）岗位轮换培训方式的优缺点

岗位轮换培训方式的优缺点如图 3-4 所示。

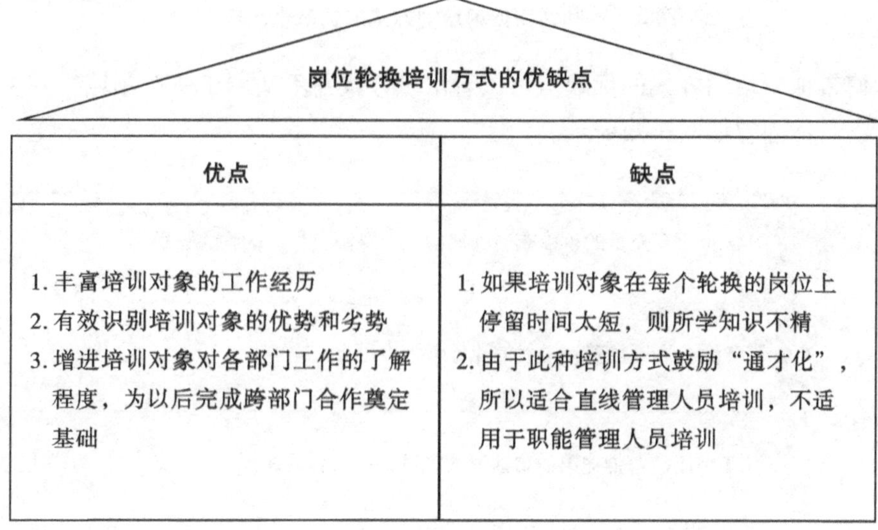

图 3-4 岗位轮换培训方式的优缺点比较

三、师傅带徒弟

（一）师傅带徒弟培训方式简介

师傅带徒弟的培训方式又称导师制培训，是指企业指定新员工所在部门的负责人或业务骨干、行业专家作为新员工的辅导老师，对其进行“一对一”“手把手”的教导与培训。此种培训方式适用于解决新员工知识性、技能性与态度性的问题。其优缺点如图 3-5所示。

师傅带徒弟培训方式的优缺点	
优点	缺点
1. 员工能够切身体会各种知识与技能 2. 在有人监督与指导的情况下，员工可迅速提高自身能力 3. 成本低	1. 系统性差 2. 难以选择合适的导师

图 3-5　师傅带徒弟培训方式的优缺点比较

从师傅带徒弟培训方式的优缺点可以看出该方式并不适用于所有领域，其主要适用以下情况，具体内容如图 3-6 所示。

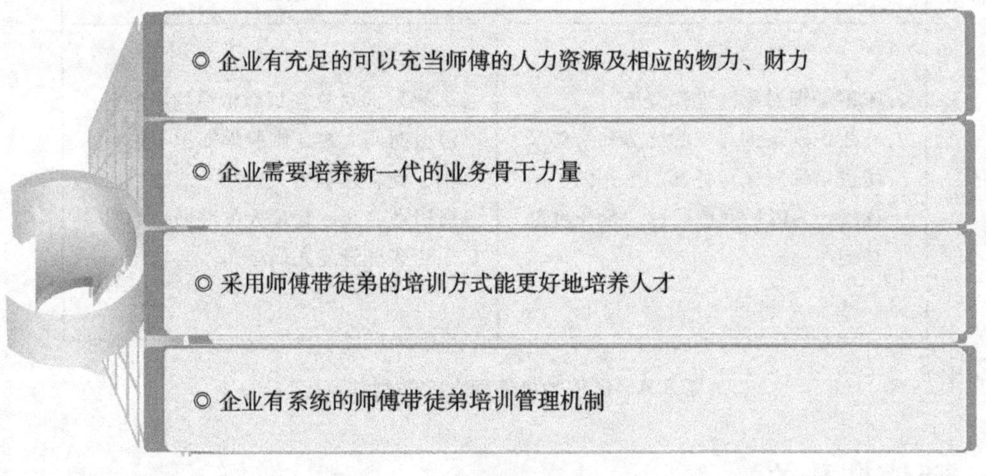

图 3-6　师傅带徒弟的条件

（二）师傅带徒弟的配对选择

1. 师傅带徒弟配对选择注意事项

师傅带徒弟配对选择需要注意六点，具体内容如图 3-7 所示。

1. 坚持由师傅、徒弟双方自主选择的原则
2. 师傅与徒弟符合企业规定的相应资格要求
3. 师傅与徒弟的岗位方向应大致相同
4. 师傅与徒弟的性格应基本相似
5. 培训部对教学效果进行监督和考核
6. 选择一经确定如无特殊情况不得更改

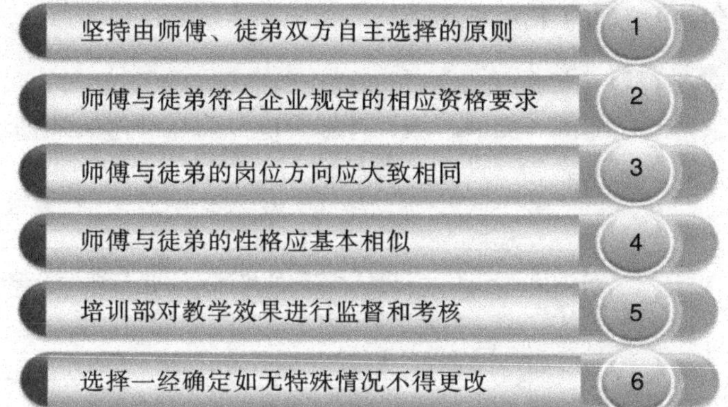

图 3-7　师傅带徒弟配对选择注意事项

2. 师傅带徒弟配对选择流程

师傅带徒弟配对选择应遵循如图 3-8 所示的流程。

1. 公司培训部根据相关资质规定对师傅与徒弟进行筛选
2. 培训部将符合资质要求的师傅与徒弟分别按培养方向分组
3. 培训部公布师傅与徒弟名单及配对选择标准和实施细则等相关规定
4. 徒弟根据自身情况在自主自愿原则的基础上选择师傅，并填写师傅选择申请，提交培训部
5. 培训部将申请按照所选师傅进行分类，并将相关资料发给相应的师傅，由师傅从中选出自己中意的徒弟
6. 如师傅与徒弟互相选择对方，则配对选择成功
7. 如选择不成功则在培训部的协调下，对剩余人员进行再次配对选择
8. 所有配对选择成功的人员应在人力资源部的监督下签订师傅带徒弟培训协议
9. 师傅、徒弟按照培训协议进行培训，在此过程中，若双方任何一方对配对选择结果存在质疑，可根据公司相关规定在规定期限内提出调换申请

图 3-8　师傅带徒弟配对选择流程

（三）师傅带徒弟培训的评估

1. 师傅带徒弟培训的评估内容

按照评估对象划分，师傅带徒弟的培训评估可以分为对师傅的评估、对徒弟的评估以及对该培训方式的评估三部分，具体内容如图 3-9 所示。

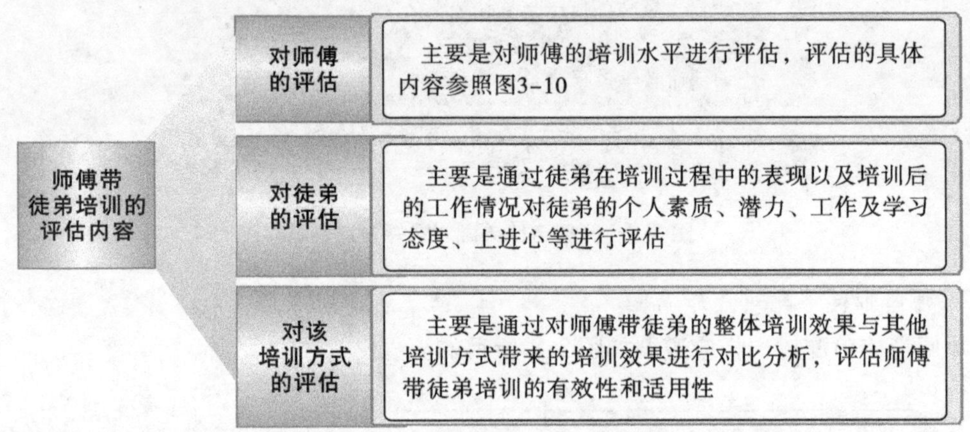

图 3-9　师傅带徒弟培训的评估内容

对师傅的评估主要包括对师傅培训实施计划的评估、对师傅培训实施过程的评估以及对师傅培训实施效果的评估三部分内容，具体内容如图 3-10 所示。

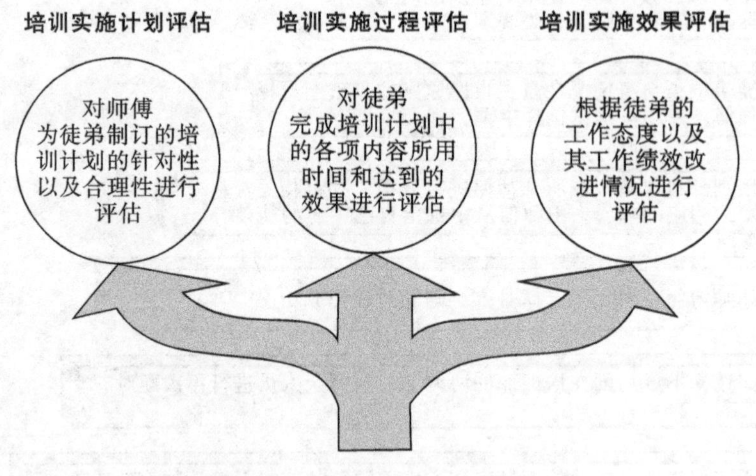

图 3-10　对师傅评估的具体内容

2. 师傅带徒弟培训评估工具示例

师傅带徒弟培训评估主要借助调查问卷、表格、工作绩效数据等实施。以表格为例，“师傅带徒弟培训综合评估表”的样例如表 3-1 所示，具体说明如表 3-2 所示。

表3-1 师傅带徒弟培训综合评估表

编号：　　　　　　　　　　　　　　　　　　　　　　　日期：____年__月__日

<table>
<tr><td rowspan="5">师傅</td><td>姓　名</td><td></td><td>性　别</td><td></td><td>所属部门</td><td></td></tr>
<tr><td>年　龄</td><td></td><td>工　号</td><td></td><td>职　称</td><td></td></tr>
<tr><td colspan="2">培训资质等级</td><td colspan="4"></td></tr>
<tr><td colspan="2">本公司入职时间</td><td colspan="4">____年__月__日</td></tr>
<tr><td colspan="2">本岗位入职时间</td><td colspan="4">____年__月__日</td></tr>
<tr><td rowspan="4">徒弟</td><td>姓　名</td><td></td><td>性　别</td><td></td><td>所属部门</td><td></td></tr>
<tr><td>年　龄</td><td></td><td>工　号</td><td></td><td>职　称</td><td></td></tr>
<tr><td colspan="2">本公司入职时间</td><td colspan="4">____年__月__日</td></tr>
<tr><td colspan="2">本岗位入职时间</td><td colspan="4">____年__月__日</td></tr>
<tr><td rowspan="4">培训内容</td><td rowspan="2">理论知识培训</td><td>培训时数</td><td colspan="4">____小时/天 × ____天 = ____小时</td></tr>
<tr><td>对理论知识培训整体情况评价</td><td colspan="4">（由徒弟填写）</td></tr>
<tr><td rowspan="2">实操培训</td><td>培训时数</td><td colspan="4">____小时/天 × ____天 = ____小时</td></tr>
<tr><td>对实操培训整体情况评价</td><td colspan="4">（由徒弟填写）</td></tr>
<tr><td>培训部意见</td><td colspan="6">（签章）　　　　日期：____年__月__日</td></tr>
<tr><td>人力资源部意见</td><td colspan="6">（签章）　　　　日期：____年__月__日</td></tr>
</table>

表3-2 师傅带徒弟效果考核指标及分值说明表

评估指标	指标分级定义		分值
培训目标实现度	1级	大多数课程与培训目标存在很大差距	5分
	2级	部分课程无法实现培训预期目标	10分
	3级	能够实现并超过培训预期目标	15分
培训内容	1级	课程内容的针对性和实用性较差，内容安排不合理	5分
	2级	课程内容有一定的针对性，但内容安排过于简单或复杂	10分
	3级	培训内容具有较强的针对性，内容安排难易适中	15分
案例引用	1级	在培训课程中未使用任何案例	5分
	2级	在培训课程中仅使用了少量案例，无法满足课程需求，徒弟学习主动性较差	10分
	3级	在培训课程中充分使用案例，激发了徒弟学习的积极性和主动性	15分
实操培训	1级	没有为徒弟提供实操培训	5分
	2级	为徒弟提供一定的实操培训，但实操培训时间较短	10分
	3级	为徒弟提供与培训目标一致的实操培训，实操培训内容能够巩固徒弟所学知识	15分
学习指导	1级	没有为徒弟提供教学帮助	1分
	2级	为徒弟学习提供一定帮助，但是所提供的帮助与课程内容和课程目标不完全相符	5分
	3级	在培训中为徒弟进行学习指导，指导和课程内容、课程目标紧密联系，能够解决徒弟学习过程中的困难	10分
培训成果评价	1级	没有对徒弟的培训成果进行评价	1分
	2级	对徒弟的培训成果进行一定程度的评价，但评价的可靠性和可信性较低	5分
	3级	及时对徒弟培训成果进行评价，评价具有较高的可靠性和可信性	10分
理论知识培训	1级	没有对徒弟进行理论知识培训	1分
	2级	对徒弟进行理论知识培训，但培训内容对实践操作的指导性差，且理论知识讲解不全面	5分
	3级	对徒弟进行了丰富的理论知识培训，对实践操作具有较强的指导性	10分
徒弟考核成绩	1级	在培训结束后对徒弟进行考核，徒弟成绩排名为前10%之后	1分
	2级	在培训结束后对徒弟进行考核，徒弟成绩排名为前5%～10%	5分
	3级	在培训结束后对徒弟进行考核，徒弟成绩排名为前5%	10分

四、角色扮演

角色扮演培训方式是指在一个模拟的工作环境中，指定参加者扮演某种角色，使其借助角色的演练来理解角色的内容，模拟性地处理工作事务，从而提高其处理各种问题的能力的一种培训方式。这种方式主要适用于销售技术、业务会谈等技能的学习和提高。

采用这一培训方式时，我们可依照表 3-3 所示的步骤进行。

表 3-3　角色扮演法实施步骤

工作环节	实施说明
前期准备	（1）事先制订计划，设计好每个细节，以防忙中出错或乱中出错 （2）编制好评分标准
实施评估	（1）观察行为。每一位主试要仔细观察，及时记录一位或两位被试者的行为，记录的内容要详细、客观，不要进行不成熟的评论 （2）归纳行为。观察以后，主试要马上整理观察后的行为结果，并将它归纳入角色扮演设计的目标要素之中，如果有些行为和要素没有关系，就应该剔除
行为评分	对要素有关的所有行为进行观察、归纳，然后根据规定的标准对要素进行打分

五、拓展培训

（一）拓展训练的概述

1. 什么是拓展训练

（1）拓展训练的含义

拓展训练又称外展训练（Outward bound），是一种户外体验式心理训练，它让参加者在不同平常的户外环境下，直接参与一些精心设计的程序和活动，继而自我发现、自我激励，达到自我突破、自我升华的目的。它运用独特的情景设计，通过创意独特的专业户外项目体验，帮助企业激发员工的潜力，增强团队活力、创造力和凝聚力，达到提升团队生产力的目的。

（2）拓展训练的起源与发展

拓展训练的原意为一艘小船驶离平静的港湾，义无反顾地投向未知的旅程，去迎接一次次挑战。该训练起源于第二次世界大战期间的英国。当时大西洋商务船队屡遭德国人袭击，许多缺乏经验的年轻海员葬身海底。

针对这种情况，军方建立了一些水上训练学校，除了训练海军的体能外，还通过设计一些针对性强的训练科目，对海军的海上求生能力、野外生存能力、作战意志及团队合作能力进行训练。其中最著名的就是德国人库尔特·汉恩（Kurt Hahn）和英国人劳伦斯·霍尔特（Lawrence Holt）建立的“阿伯德威海上训练学校”，这是拓展训练的雏形。

战争结束后，许多人认为这种训练仍然可以保留。于是拓展训练的独特创意和训练方式逐渐被推广开来，训练对象也由最初的海员扩大到军人、学生、工商业人员等各类群体，训练目标也由单纯的体能、生存训练扩展到心理训练、人格训练、管理训练等。

2. 拓展训练与传统培训的比较

心理学研究表明：人们可以记住看到的10%的信息，可以记住听到的20%的信息，可以记住亲身体验的80%的信息。

拓展训练作为一种重要的体验式学习方式，它拥有完整的循环式学习流程。为了弥补传统教学方式的缺陷，拓展训练课程增加了体验和联系实际等环节，由学员本人找出存在的问题及实用的工作方法，这样的培训效果是传统讲课式教学所达不到的。二者之间的主要区别详见表3-4。

表3-4　拓展训练与传统培训方式的区别

比较项目	传统培训方式	拓展训练
培训场地/环境	室内	户外，陌生的环境
培训方法	直线式、灌输式教学、学习	参与、互动式教学，启发
培训内容	偏知识性，如知识、技能	非智力因素，如观念、态度、人格

（二）拓展训练的形式

拓展训练的形式多种多样，如场地训练、野外训练、水上训练、空中训练等多种形式，每一种形式还包括很多种类的项目，具体内容如图3-11所示。

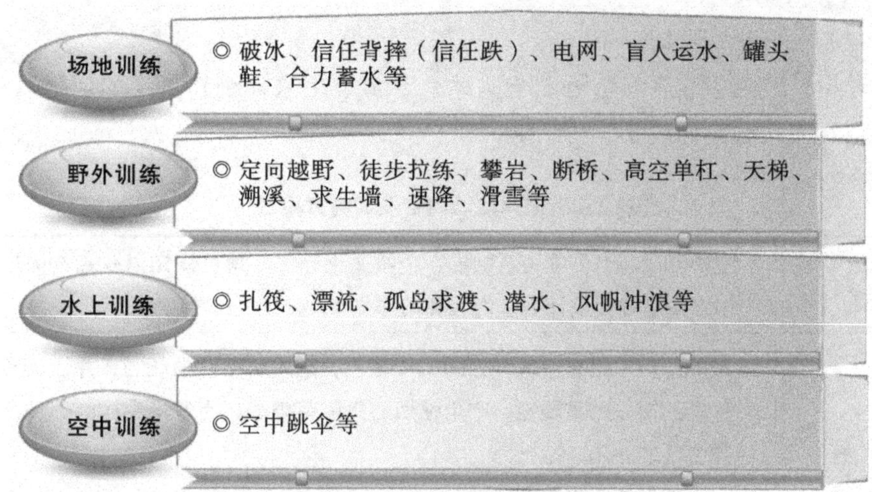

图 3-11　拓展训练的形式

（三）拓展训练的实施

1. 新员工拓展训练培训目标

新员工拓展训练的培训目的在于让新员工迅速融入企业，加强对企业的信任感和归属感。通过精心设计的项目和系统的课程，来打破新员工心里的坚冰，使其顺利适应角色，尽快进入工作状态。

新员工拓展训练的培训目标如图 3-12 所示。

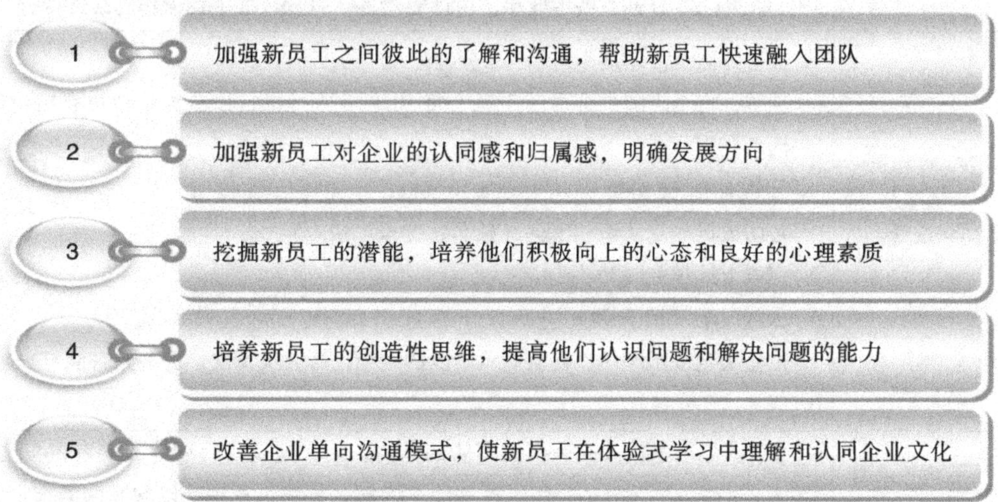

图 3-12　新员工拓展训练的培训目标

2. 推荐拓展训练项目

(1) 破冰——Ice Broken

破冰是指打破陌生人之间的隔阂与坚冰，常常被用来训练新员工如何融入新团队。其活动内容及实施方案如表3-5所示。

表3-5 破冰活动内容及实施方案表

活动介绍	主要针对新老员工关系融洽、企业文化导入、角色认知以及基本沟通技巧和工作方法等方面设计一些内容和动作
活动目的	1. 锻炼新员工迅速进入自己的工作角色、融入新团队的能力，并让新员工初次体会到协作的重要性，产生强烈的集体荣誉感，为争得集体的荣誉而充分发挥自己的才能 2. 加深新老员工之间的了解 3. 使企业能够尽快度过新人的磨合期，快速打造一支成熟的团队
活动对象	大学毕业生、新入职员工
活动时间及地点	60分钟；野外或室内，最好是野外
组织人员（至少五人）	一人负责主持（兼规则讲解），一人负责发放、回收物品，一人负责抽签（兼分数统计）；另设两名评估人（以上三人也可兼做评委）
活动道具	签条（抽签分队用，每10～12人组成一队），每队需旗杆、旗帜、铅笔、卷笔刀、彩色不干胶纸、剪刀
活动规则	各队在35分钟内完成以下任务，包括起队名、拟队歌、编队训、设计队徽、制作队旗；35分钟后展示效果，由评委给各队打分，取平均值作为最终得分
活动过程	1. 抽签分队及活动规则讲解（5分钟） 抽签，将全班随机分成若干队，每10～12人一队，以队为单位集合后讲解活动规则 2. 分队准备（5分钟） 各队成员相互认识和了解（姓名、优点、缺点） 3. 完成上述任务（35分钟） 4. 分队展示（10分钟） 抽签决定展示顺序，各队展示本队的六项任务完成情况，评委给各队打分 5. 点评（5分钟）
点评要点（点明活动意义、目的为主）	考察队员迅速融入一个新的团队的能力，因为这是现代职业人必备的能力。引导学员初步体验分工合作的重要性。培养队员角色意识，以饱满的激情加入一个新的团队，并在其中发挥自己的作用。随机点评主要是针对各队的情况点评其成功之处与不足之处

（续表）

活动结果	确立团队培训目标，打破新团队成员之间的隔阂，加深相互了解和信任，使参训人员初步形成团队认知和意识

（2）高空单杠

①活动介绍

高空单杠项目要求每一个学员站在约8米高的铁柱平台上，然后用力跃出，抓住前方的一根单杠（或者采取以下形式：两块木板架在8米高的空中，二者之间间隔0.8～1.5米，每一位参训学员从其中一块跳向另一块，然后返回）。

②活动目的

该活动的目的在于使学员敢于挑战自我，勇于战胜困难，挖掘自己的潜能。

③活动道具

准备一根约8米高的铁柱，顶上有一块能够立脚的平台，前上方带有悬挂的单杠（或者准备门形结构器材，在8米处左右各伸出一块木板，两者间距0.8～1.5米）。

④注意事项

学员穿戴好防护用具，依次爬上平台（木板）。该项目的两种形式均有一定的危险性，须由教练实施保护，并严格按相关规程操作。

⑤活动结果

学员学会自我控制；挑战自我，重新认识自我；锻炼应变能力和压力释放能力；面对机遇和风险并存的状况，勇于尝试。

（3）徒步拉练和野餐

徒步拉练主要用来锻炼新员工的体能和意志力，挑战自己的身体极限；而野餐主要用来锻炼新员工的动手能力，培训团队成员之间分工合作的意识。其实施方案如表3-6所示。

表3-6　徒步拉练和野餐实施方案

徒步拉练实施方案	
活动目的	锻炼学员体能和意志力，培养其吃苦耐劳的精神；体验超越自我极限的乐趣
活动时间	4～6小时；15千米行程，时间长短可根据天气情况和学员整体身体素质做调整
活动地点	培训基地周围、车辆较少的郊区马路
组织人员	至少五人，一人负责主持（兼规则讲解），一人负责物品发放，一人负责路障维护（一般由教官担任），并设一名卫生员和一名评委

（续表）

活动道具	公司标志性旗帜，学员挎包（每人一个，内装矿泉水、野餐用品等）
活动规则	1. 以队为单位组织徒步行进，中途会经过若干个关卡，在关卡处等全队队员到齐后答题，答对的队伍方能继续行进 2. 评委以队员到达情况、答题情况、整体精神风貌、队员协作精神等为依据进行打分
活动过程	1. 集合队伍，讲解规则，指出注意事项，说明安全事项（10 分钟） 2. 选旗手，发挎包（5 分钟） 3. 徒步行进（4 ~6 小时） 4. 目的地集合，清点人数，分队休息（30 分钟） 5. 队员谈体会，教官点评（20 分钟）
活动结果	1. 培养新员工吃苦耐劳的精神和战胜困难的毅力与信心 2. 让新员工体验相互合作、相互帮助的重要性，培养其团队意识 3. 引导并培养新员工挑战极限、超越自我
野餐实施方案	
活动目的	锻炼学员的动手能力，考察团队分工合作能力，增进学员间的相互了解和沟通，让学员在放松的情景中体验团队的力量
活动时间	90 分钟
活动地点	野外（徒步拉练结束后）
组织人员	一人负责主持（兼规则讲解）、一人负责炊具的准备和管理、一人负责准备食物，另设三名评委（品菜、整体情况比较）
活动道具	餐具、食物、佐料、炊具、柴火（若条件允许，可增加自筹柴火的环节）、餐具（这些物品需在徒步拉练结束前按队平均分好，以保证活动按时、有序地进行）
活动规则	各队在领到必备物品后，在 40 分钟内做好饭菜
活动过程	1. 规则讲解及物品领取（10 分钟） 2. 分队准备、做好饭菜（40 分钟） 3. 评委品菜（10 分钟） 4. 各队就餐，收拾（可穿插一些应景的小故事）（30 分钟） 5. 评委从时间把握、分工协作、饭菜质量、物品保管等方面给各队打分（10 分钟）

（续表）

活动结果	1. 锻炼学员的动手能力，让学员体会到收获的喜悦 2. 加强学员间的沟通与合作，增进彼此的了解 3. 充分体验分工协作的必要性与重要性

3. 拓展训练的安全保障

从某种程度上说，拓展培训在进行过程中存在着一定的危险，包括体能上的、心理素质方面的以及客观存在的危险。因此，企业应该在实施项目前做好一切安全保障工作。

（1）设备器材方面

训练场地及设备要经过专门机构认证、检验并派专人定期维护。所有训练器材和装备都应该达到或通过欧洲质量认证标准（CE）、国际攀登联合会质量认证（UIAA）所要求的水平，并严格遵守器材的检查和更新制度。

（2）项目设计方面

所有拓展训练活动，尤其是野外高难度、高危险性项目，均需经过精心的设计与实验，并被无数次操作验证是完全安全的。

（3）培训讲师方面

培训讲师应拥有丰富的拓展培训经验，要严格地依照安全程序指导、监控活动的全过程。

（4）保护措施方面

所有项目均需设置双重保护措施，避免发生意外，造成不必要的损失。

（5）保险方面

培训机构还应为参训学员每人上一份人身意外伤害险及意外医疗保险，以从最大程度上保证学员的利益。

（四）拓展训练评估

1. 学员训练效果评估

（1）拓展训练即时效果评估

在拓展训练进行的过程中，企业就已经为学员的训练效果开始做评估了。每个项目都设有评委，对每个学员及其所在团队完成项目的情况进行评判，并给出评分。“拓展训练评分表”样例如表 3-7 所示。

表 3-7　拓展训练评分表

队名	破冰得分	高空单杠得分	徒步拉练得分	野餐得分	电网得分	信任背摔得分	求生墙得分	总体情况	
								总分	名次

（2）学员自我评估

与传统培训形式一样，可以在培训结束后，要求学员填写“自我评估表”或写一份“拓展训练总结”，发表对参加拓展训练的收获和对整个训练过程的看法。“拓展训练学员自我评估表”样例如表 3-8 所示。

表 3-8　拓展训练学员自我评估表

您好！请您对参加拓展训练后自身素质方面的变化用分数表示出来：5 分——很好；4 分——较好；3 分——一般；2 分——差；1 分——极差；请同时标注训练前的状态。

自评项目		训练前的状态	训练后的状态
基本素质	自信心方面		
	参加培训的纪律性		
	所能承受的压力及积极进取的精神		
	身体体能及身体的适应性、反应敏捷性		
人际关系沟通能力	有效的沟通能力		
	获得他人信任、支持及尊重的能力		
	顾及他人并体谅他人		
决策能力	发现、分析、解决问题的能力		
	制订计划与做出决策的能力		

（续表）

自评项目		训练前的状态	训练后的状态
领导与管理能力	有效授权的能力		
	监督执行及决策实施能力		
团队合作意识	能认清自己在团队中的角色		
	在团队中发挥作用的能力		
最后，请简单写出您参加此次培训最大的收获，及对我们工作改进建议。 谢谢您的合作！			

2. 培训讲师工作评估

拓展培训对培训讲师的要求更严格，表3-9列出了对拓展培训讲师的规范要求。培训组织者可在拓展训练结束后，按此表内容给培训讲师打分。

表3-9 培训讲师工作评估表

参训公司名称		参训学员姓名		填写日期	____年__月__日
规范要求	很好 （5分）	好 （4分）	一般 （3分）	差 （2分）	极差 （1分）
1. 培训讲师的举止得体程度、着装规范性					
2. 培训讲师语言规范性、通俗易懂性、幽默风趣性					
3. 培训讲师是否平易近人					
4. 培训讲师对项目操作的娴熟性，给人的安全感					
5. 培训讲师了解学员面对困难的主动性和及时性					
6. 培训讲师对学员思考问题的启发性					
7. 培训讲师阐述训练项目内容及目的的具体程度、明确程度和完整性					

（续表）

规范要求	很好（5分）	好（4分）	一般（3分）	差（2分）	极差（1分）
8. 培训讲师对训练项目的总结、归纳能力如何					
9. 培训讲师本身对拓展训练主题的理解程度					
10. 培训讲师能否让学员保持对整个过程的热情					
11. 培训讲师准备各个项目的充分性					
12. 培训讲师在整个项目过程中表现出来的组织能力					
最后，请写出培训讲师最大的优点与缺点，以及在此类课程方面需要改进的地方					

第二节　网络培训方式

一、E 化培训方式

E-Learning 的英文全称为 Electronic Learning，我们根据其不同的含义分别译作“电子（化）学习”“网络（化）学习”“数字（化）学习”等。不同的译法代表了不同的观点，具体内容如图 3-13 所示。

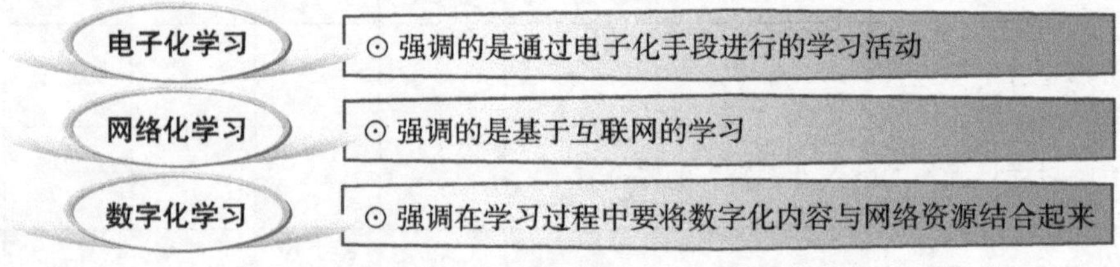

图 3-13　E-Learning 的不同译法

不管是哪一种译法都强调电子技术在学习活动中的作用，强调用信息技术来改造和引导教育活动。因此，E-Learning 是一种全新的学习方式，它充分利用了现代网络信息技术所提供的、具有全新沟通机制和丰富资源的学习环境。

E-Learning 的优缺点如图 3-14 所示。

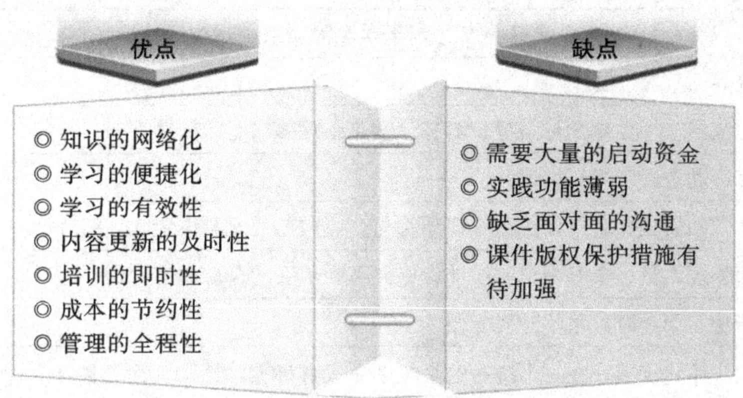

图 3-14 E-Learning 的优缺点

(一) E 化培训体系

E-Learning 平台系统是一套基于互联网的互动培训平台教学软件系统。其组成如图 3-15所示。

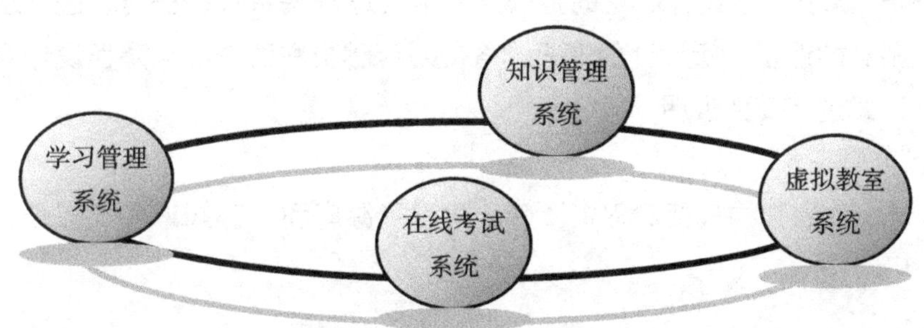

图 3-15 E-Learning 平台系统的组成

在图 3-15 中，学习管理系统的功能、特性是影响企业选择 E-Learning 平台系统的主要因素。E-Learning 平台构建负责人需要根据本企业的具体情况，依据以下方面进行周密的比较和合理的选择，具体内容如表 3-10 所示。

表 3-10 E-Learning 平台系统之学习管理系统选择要点说明表

序号	选择要点（基于学习管理系统的功能、特性）
1	所开发工具能保证妥善管理厂商开发制作的课件，并能在不同的操作系统上运算
2	使用工业标准的外挂程序，能随时使用且不收费，如 Flash，RealPlayer 等
3	必要时，能服务于公司防火墙外的客户或引进防火墙以外的资料

（续表）

序号	选择要点（基于学习管理系统的功能、特性）
4	系统界面直观、易用
5	用户注册、个性化学习路径、测试、学习跟踪等功能的完善
6	能够协助设计和规划培训
7	有适宜的安全协定来保护用户，同时与企业内部的安全设置无冲突
8	能为管理人员、学习用户和设计者提供不同层级的存取通道
9	当新功能面世时，系统升级方便
10	实现一体化管理，在一个统一的系统中完成各种教学活动，而不需在几个系统之间来回切换
11	采用开放的文件存储格式，支持所有能在网上运行的课程内容与文件格式
12	系统的成本、销售厂商的实习与服务理念、水平和费用等因素

（二）E-Learning 内容体系

E- Learning 课程内容设计的目的是按照一定的逻辑关系将课程内容进行组织和合理安排，形成独立的课程。所设计的课程内容应对课程资料的来源、课程设计要素和课程开发的多种形式进行简要说明。

1. 课程内容资料来源

E- Learning 内容架构包括课程资源库、学习资源库和内部知识库三部分，具体内容如表 3-11 所示。

表 3-11　E- Learning 内容架构

内容架构	说明
课程资源库	包括按多种分类管理的在线课程资源
学习资源库	包括试题库、案例库、视频资源库、专题讨论区等学习资源，这些资源与课程资源库有着紧密的关系
内部知识库	被视为 E- Learning 内容之一，知识库可直接面向学习者开放，是一种非正式的学习途径

2. 课程内容设计要素说明

课程内容设计要素主要包括学习辅助文件、学习测评工具、知识点讲解、互动模拟体验、关键词搜索、案例分析分享、交流沟通平台、教学管理平台等，具体内容如表 3-12所示。

表 3-12 课程内容设计要素说明

要素名称	要素说明
学习辅助文件	包括教学大纲、课程目录、思维导图、教学计划、学习安排、教学手册、学生手册、PPT 课件等
学习测评工具	包括课前评估试题库、课中练习、课后作业等
知识点讲解	采用多种表现形式全面、准确地将课程中的知识点描述出来
互动模拟体验	让学习者对学习内容进行模拟体验和人机互动
关键词搜索	通过关键词搜索，使学习者定位自己所学习的资源和内容，提高学习效率和效果
案例分析分享	包括授课老师提交的案例分析材料和学习者上传的分析案例资料
交流沟通平台	包括课程学习疑问解答、课程学习效果反馈等内容
教学管理平台	包括课后作业提交、课程学习的考核等内容

3. 不同形式的课程内容的开发

课程内容的开发因内容形式的不同而有所差别，课程内容形式主要包括课程视频内容、课程故事内容以及课程互动环节等。

（1）课程视频内容的开发

课程视频内容主要是指可以通过视频播放软件播放视频内容。视频内容随着课程展现形式的多样化而在课程中起着越来越重要的作用，课程开发团队可以通过表 3-13 所示的三种方式架构视频内容。

表 3-13 视频内容的三种架构方式

方式 1	直接剪辑	来自于电视剧和电影部分内容的剪辑
方式 2	直接引用	引用来自于电视媒体和网络媒体的热点视频、新闻视频等
方式 3	自主研发	由开发团队自身进行情节设计，并进行拍摄；然后借助视频编辑软件进行处理后，作为课程的组成部分

（2）课程故事内容的开发

故事是保证课程生动、富有吸引力的必备因素。无论是课程导入、课程内容，还是课程结束，都可以通过恰当的故事讲解达到强化记忆、强化效果的目的。故事内容开发的步骤具体如图 3-16 所示。

1 明确主题

主题是故事要表达的中心含义，即通过故事中的材料和表现形式表达基本思想；只有具备明确的主题，才能编写出针对性强、符合需求的故事

2 寻找创意

创意是一种想法、一种灵感，是确保故事质量的关键。好的创意应当包括怎样开头、怎样结尾、怎样过渡、怎样设置悬念、怎样扩展、怎样提炼重点

3 设定情节

情节是故事的具体内容。要编一个引人入胜的故事，最重要的是要有扣人心弦的故事情节

4 组织语言

语言组织能力是编写故事所需的基本能力

图 3-16 故事内容的开发步骤

（3）课程互动环节的设计

课程互动的方式主要与 E-Learning 课件的展现形式有关，不同的课件形式，互动的方式不同。常见的课件形式主要包括 Flash 动画、三分屏、真人模拟三种形式，具体内容如表 3-14 所示。

表 3-14 课程互动环节的表现

课件形式	互动形式	互动表现
Flash 动画	按钮点击查看内容	文字、图片、音频、视频
	判断题	提问、思路、解答、总结、举例
	选择题	分析、思路、辨别、提示、回答、总结、举例
	输入文本	思路、提示、重复、突出、评价
三分屏	问答	提问、追问、重复、提示、回答
	手势	象征、指示、强调、描述、评价、示意
	表情	微笑、皱眉、环视、凝视、点头、摇头、严肃、生气

（续表）

课件形式	互动形式	互动表现
三分屏	体态	站立、就座、走动、叉腰、俯身、面向、侧向、背向等
	辅助语言	轻音、重音、拖腔、变声、快语、慢言、无声、叹息、咳嗽等
真人模拟	真人模拟	提问、演示、指导、总结、评价等

二、运用 APP 软件开展培训

企业可通过自身定制培训 APP 或借用第三方 APP 培训机构的资源对员工进行培训。企业利用 APP 开展培训方便快捷，培训评估数据立等可取，因此这一培训方式得到了广泛应用。基于 APP 的培训课程具有以下特点，具体如图 3-17 所示。

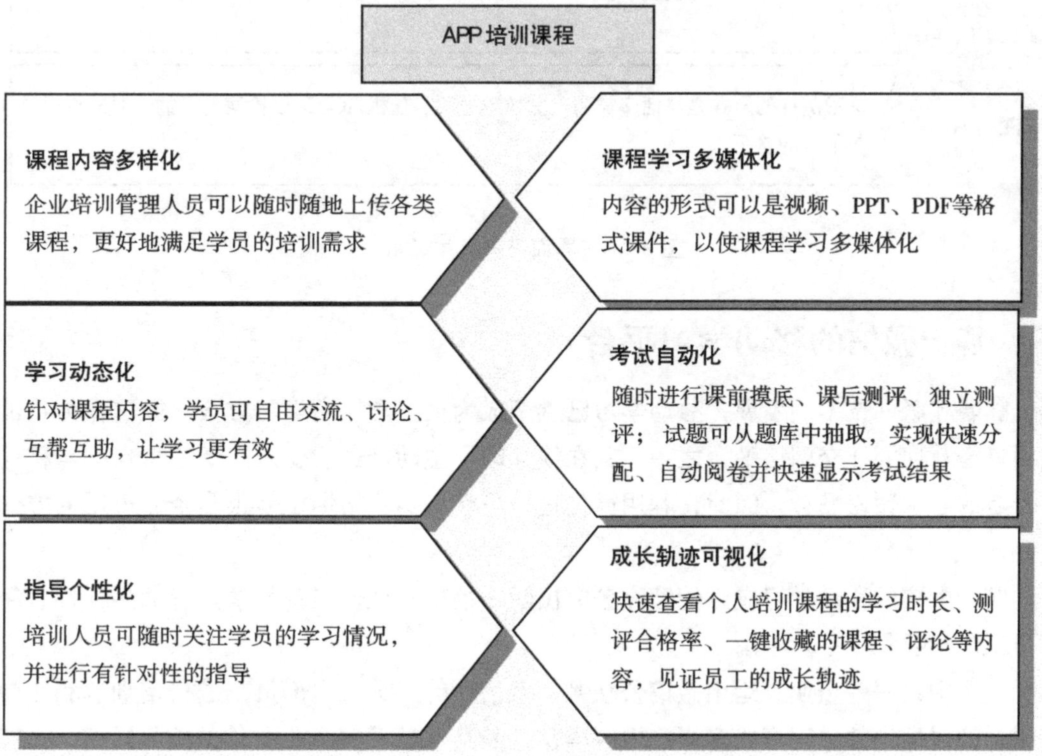

APP 培训课程

课程内容多样化
企业培训管理人员可以随时随地上传各类课程，更好地满足学员的培训需求

课程学习多媒体化
内容的形式可以是视频、PPT、PDF等格式课件，以使课程学习多媒体化

学习动态化
针对课程内容，学员可自由交流、讨论、互帮互助，让学习更有效

考试自动化
随时进行课前摸底、课后测评、独立测评；试题可从题库中抽取，实现快速分配、自动阅卷并快速显示考试结果

指导个性化
培训人员可随时关注学员的学习情况，并进行有针对性的指导

成长轨迹可视化
快速查看个人培训课程的学习时长、测评合格率、一键收藏的课程、评论等内容，见证员工的成长轨迹

图 3-17　APP 培训课程实施的特点

某公司制定的 APP 培训软件的界面设置具体说明如图 3-18 所示。

自主选择课程	打开培训APP软件，在首页一般可以选择适合自己或感兴趣的培训课程。如某款英语培训APP中，分为口语课和听力课两大类，听力课中包括英文歌曲、名人演讲、电影台词、新闻、诗歌等形式的录音和相应的文字，以供学员选择
名师课程和在线答疑	企业培训管理者可在培训APP上提前公布课程的时间，学员可根据个人情况选择是否参加。在课程进行的过程中，学员在学习相关工作知识或技能的同时，可向讲师提问、与其他学员交流互动，以加强学习效果
个人课程管理	学员通过选择符合自身需求的课程，结合个人时间安排以及培训要求，来制定个性化的培训课程表
互动交流	学员之间可以通过在线讨论、共同测试等形式，就相关的培训课程进行交流学习；或将工作实践中的收获发表在APP软件上，分享学习经验，以期共同进步
课程测评	课程测评的形式是灵活多样的，如游戏通关、随机PK等，以检测自己的学习成果以及与他人的差距

图3-18　界面设置具体说明

三、基于微信的移动学习平台

随着互联网技术的发展，移动学习已逐渐成为员工常用的学习方式。微信作为目前国内最受欢迎的社交网络平台之一，其在线互动、主动推送、受众广泛等特点都与移动学习者的需求紧密贴合。因此，利用微信这一平台来实施培训也是很多企业采用的方式之一。

基于微信的移动学习应当能够充分突出学习的交互性、展现教学内容的多样性、激发员工的学习积极性。

实践中，一些企业会运用微信公众号、微信群等工具对内部员工进行培训。利用微信平台开展培训的课程形式多样、内容丰富，其是学员了解企业文化，学习知识、技能的有效工具。下面我们就运用企业微信公众号进行培训这一方式做简要介绍。

运用微信公众号这一平台对员工进行培训时，其界面设置的项目包括但不限于图3-19中的四项。

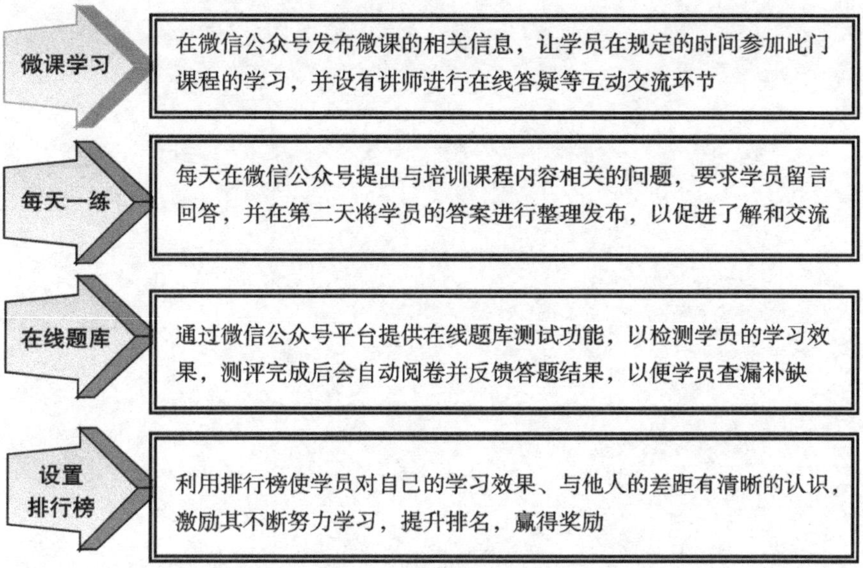

微课学习	在微信公众号发布微课的相关信息，让学员在规定的时间参加此门课程的学习，并设有讲师进行在线答疑等互动交流环节
每天一练	每天在微信公众号提出与培训课程内容相关的问题，要求学员留言回答，并在第二天将学员的答案进行整理发布，以促进了解和交流
在线题库	通过微信公众号平台提供在线题库测试功能，以检测学员的学习效果，测评完成后会自动阅卷并反馈答题结果，以便学员查漏补缺
设置排行榜	利用排行榜使学员对自己的学习效果、与他人的差距有清晰的认识，激励其不断努力学习，提升排名，赢得奖励

图 3-19 界面设置

第四章

90后应届毕业生培训设计

第一节　新进应届毕业生培训需求分析

如今，企业新进应届毕业生基本都是“90 后”，他们从学校直接进入企业，虽然拥有一定的理论知识，但是缺乏实际操作经验。对于这类员工的培训，企业需要考虑到该群体的特性和需求，有针对性地开展培训工作。

一、把握 90 后新员工的特性

90 后新员工在成长环境上有一些共性存在，如独生子女政策、互联网的普及、经济的快速发展等，这些都对 90 后新员工的特性产生了重要的影响。

如图 4-1 所示，以下五个方面是 90 后新员工的一些共有特性。

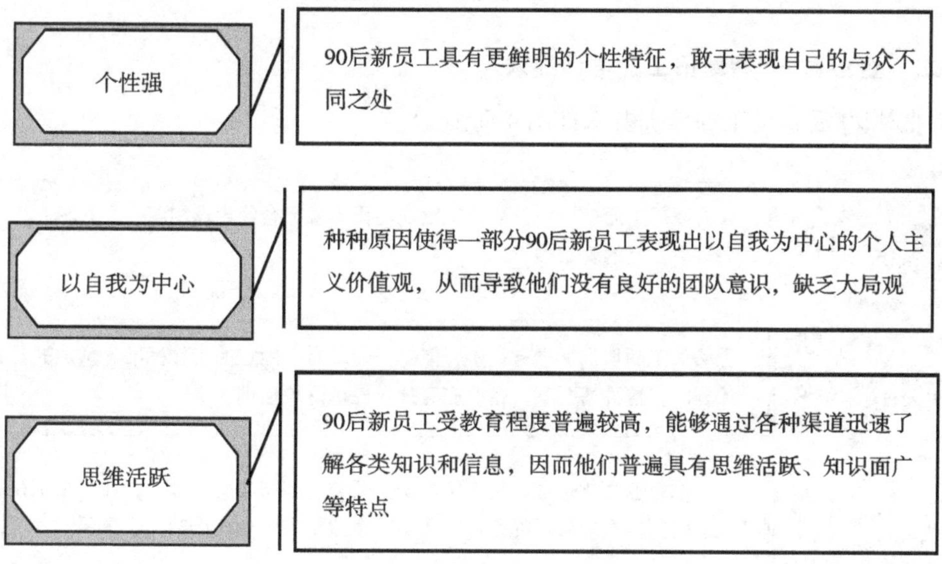

图 4-1　90 后新员工的特性

二、内外结合找准培训需求

（一）90 后新员工培训需求

前文简要叙述了 90 后新员工这类群体的特性，基于此，他们又有哪些特定需求呢？概括起来，可以将其归纳为如图 4-2 所示的三个方面。

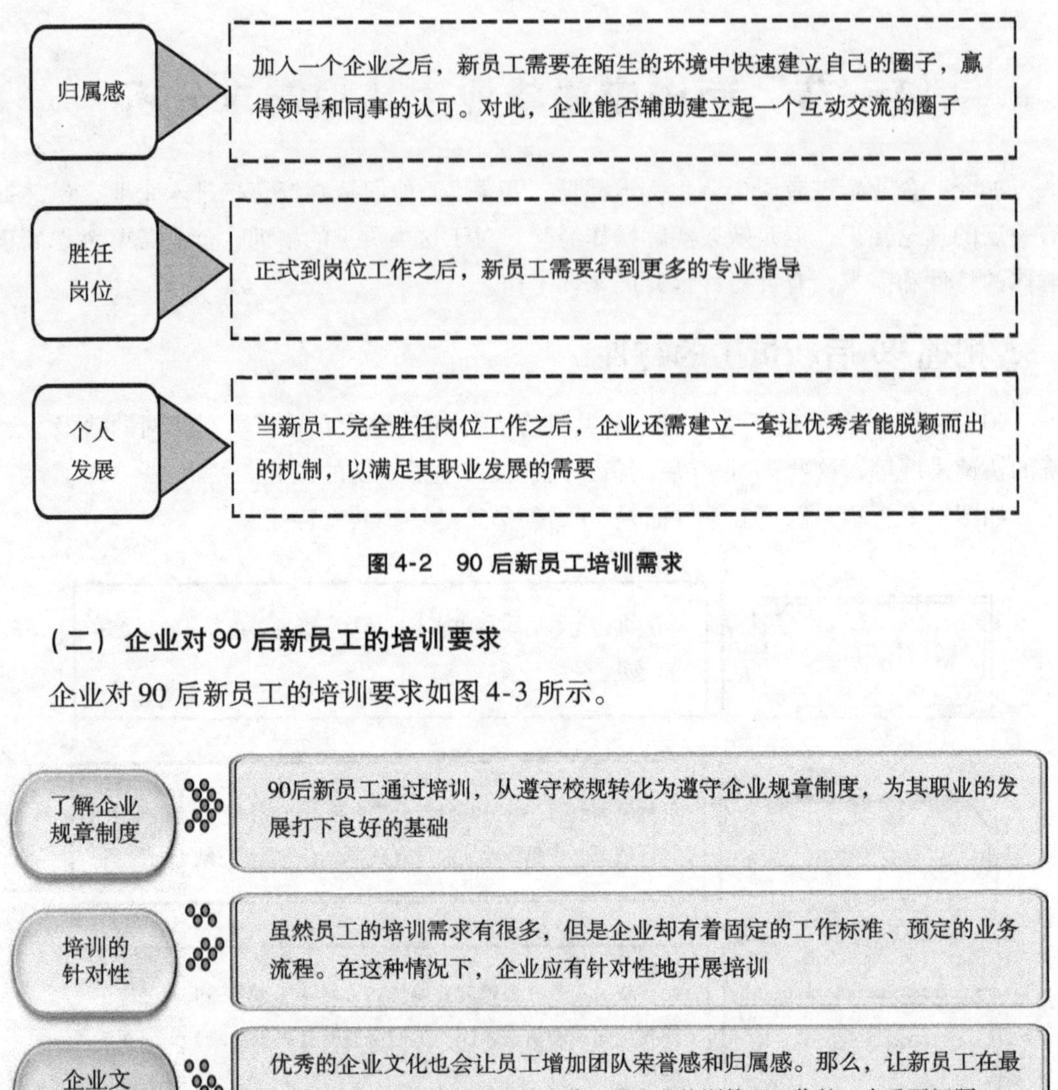

图4-2　90后新员工培训需求

（二）企业对90后新员工的培训要求

企业对90后新员工的培训要求如图4-3所示。

了解企业规章制度
90后新员工通过培训，从遵守校规转化为遵守企业规章制度，为其职业的发展打下良好的基础

培训的针对性
虽然员工的培训需求有很多，但是企业却有着固定的工作标准、预定的业务流程。在这种情况下，企业应有针对性地开展培训

企业文化融入
优秀的企业文化也会让员工增加团队荣誉感和归属感。那么，让新员工在最短的时间内适应公司的企业文化，是企业培训管理工作的一个重要问题

胜任工作岗位
90后新员工通过培训应尽快熟悉工作技能和技巧，以尽快胜任工作

控制培训成本
根据培训内容的特点，可以考虑将培训内容加以整理上传到某平台，以供多次重复使用和共享

图4-3　企业对90后新员工的培训要求

三、新进应届毕业生培训定位

90 后员工已成为注入现代企业的新鲜血液，如何针对 90 后员工实施培训管理成为企业关注的焦点。

（一）培训内容设计

结合 90 后新进应届毕业生的特性和培训需求，我们可以从以下四方面进行培训内容的设计。

1. 应知应会培训

应知应会培训包括公司概况、企业文化、企业规章制度等。开展该项培训的主要目的是帮助 90 后新进应届毕业生尽快熟悉企业的基本情况，以便其快速进入工作状态。

2. 团队合作培训

团队合作培训包括拓展训练、文体活动等内容。开展该项培训的主要目的是帮助 90 后新进应届毕业生建立起较强的团队意识。

3. 职业心态培训

开展该项培训的主要目的是帮助 90 后新进应届毕业生快速适应职场生活、树立良好的工作心态。

4. 岗位工作培训

岗位工作培训包括业务流程、产品知识、工作内容指导、工作方法培训等。开展该项培训的主要目的是帮助 90 后新进应届毕业生尽快适应岗位工作、掌握工作技巧。

（二）培训方式设计

企业管理者必须针对 90 后新进应届毕业生的特点，扬长避短，结合培训内容的需要改进传统的培训方式。

如在课堂上采用多种形式（音频、视频、图片等）增强课程的趣味性，或组织分组竞赛，促进学员间的互动交流，并给获胜小组颁发证书进行表彰。

例如，开展销售培训或者服务培训时，可结合 90 后新员工的特点，在教学中，采用“情景模拟”的方法，让员工扮演不同的角色、模拟真实的服务场景，从而使其掌握应对客户投诉的知识和技能。这种方式既能刺激 90 后新员工的表现欲，活跃课堂气氛，也能取得较好的培训效果。

此外，随着移动互联网技术的兴起，一些线上的培训方式若能合理地运用到培训工作中，无疑会增强培训的效果。

第二节　新进应届毕业生培训课程体系

一、确定新进应届毕业生培训目标

新进应届毕业生的培训目标包括以下三个方面。

（1）熟悉企业，对企业产生认同感并建立忠诚度。

（2）熟悉工作，对工作产生兴趣。

（3）掌握基本技能和专业技能，提高自身的工作效率。

二、明确新进应届毕业生培训内容

企业可根据新进应届毕业生的培训目标和培训需求特点确定培训内容。新进应届毕业生培训体系的基本架构如图4-4所示。

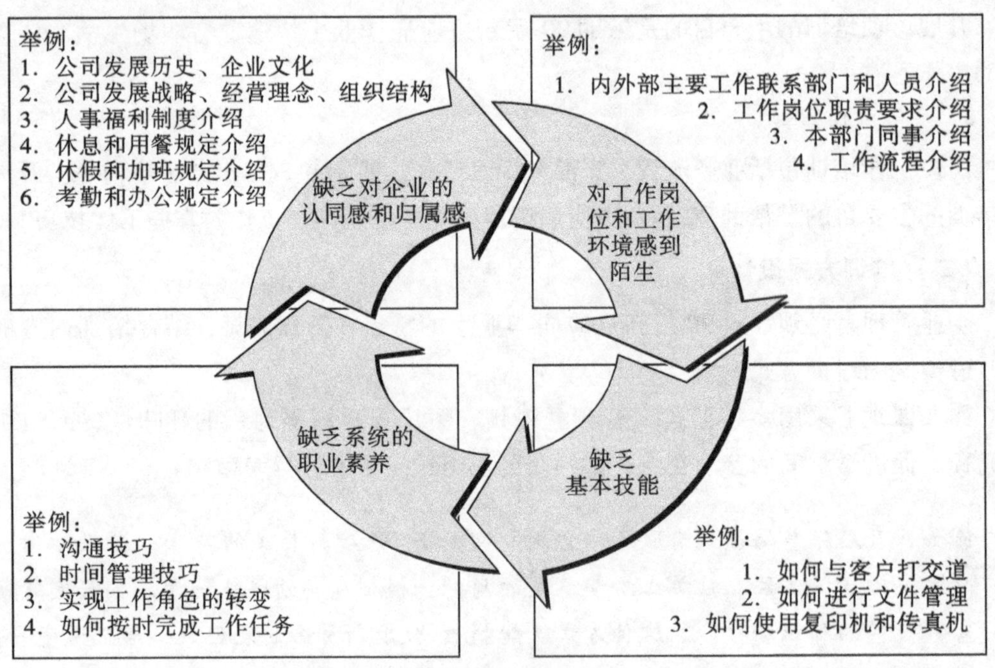

图4-4　新进应届毕业生培训体系示意图

（一）企业文化和核心价值观培训

应届毕业生刚刚走出校园，对企业的认识还停留在表面，因此对企业缺乏归属感。

这就需要企业开展有关企业文化和企业核心价值观的培训，使新进应届毕业生形成对企业的认同感，并对自己所在的企业有系统的认识和理解，从而认可企业的核心价值观，增强对企业的信任感和归属感。

在企业运作过程中，企业文化通过企业的规章制度和各级管理人员的风格体现出来，因此大多数企业所开展的有关企业文化的培训均包括企业的发展历程和关键事件的培训、企业组织结构特点的培训、企业经营理念和发展战略的培训、企业主要规章制度的培训、员工行为规范与要求、企业盈利模式和企业产品介绍等。

企业文化和核心价值观的培训一般由企业人力资源部、企业战略部门以及企业高层领导实施。

（二）熟悉工作岗位和工作环境的培训

新进应届毕业生如何在最短的时间内适应企业的工作环境、快速了解工作内容、胜任工作等，是大多数企业针对新进应届毕业生的培训内容。

开展该项培训的内容主要包括工作流程、岗位工作职责、工作目标及工作考核项目等。这些培训内容大多是通过新进应届毕业生所在工作部门的负责人来组织实施的，主要培训形式为召开座谈会、欢迎会或由部门负责人进行介绍。

（三）职业素养培训

新进应届毕业生一般都拥有丰富的专业知识和技能，而对于自身所应具备的职业素养可能缺乏系统的认识，尤其是在当前的就业环境中，大多数应届毕业生缺乏的恰恰是基本的职业素养。因此，针对新进应届毕业生的职业素养培训变得日益紧迫和必要。

应届毕业生职业素养培训的内容包括沟通技巧、时间管理技巧、有效转变工作角色、按时完成工作任务、团队协作、诚信与职业道德、问题分析与解决等。

（四）基本技能培训

新进应届毕业生具有专业的知识或技能，但是却缺乏开展日常工作所需具备的基本技能，因此一些企业可以根据新进应届毕业生所在岗位的特点，开展基本技能的培训。

基本技能培训内容包括如何与客户打交道、如何进行文件管理、如何使用复印机和传真机等。

三、构建新进应届毕业生课程体系

（一）某高科技公司新进应届毕业生培训课程体系

该公司针对新进应届毕业生设计了相应的培训课程体系，具体内容如图 4-5 所示。

课程体系

岗位内容类
1. 岗位职责要求
2. 岗位的汇报线
3. 岗位内外部工作联系
4. 岗位工作目标及考核项目

组织内容类
1. 企业组织结构
2. 企业运营模式
3. 企业发展战略
4. 企业文化

素质技能类
1. 沟通能力
2. 时间管理技能
3. 团队合作意识
4. 诚信与职业道德
5. 问题分析与解决能力

自我发展类
1. 持续学习能力
2. 职业生涯规划
3. 变革管理能力

图4-5　某高科技公司新进应届毕业生培训课程体系

该公司针对新进应届毕业生所规划的课程体系除了遵循新进应届毕业生员工的通用培训体系外，又根据本公司所属的高科技行业的特点，增加了“持续学习能力”和“变革管理能力”课程，以适应行业特点和工作性质对员工提出的要求。

（二）某大型家电制造企业新进应届毕业生培训课程体系

该大型家电制造企业强调“执行力”和“关注细节”在开展工作中的重要性，因此设计了如图4-6所示的针对新进应届毕业生的培训课程体系。

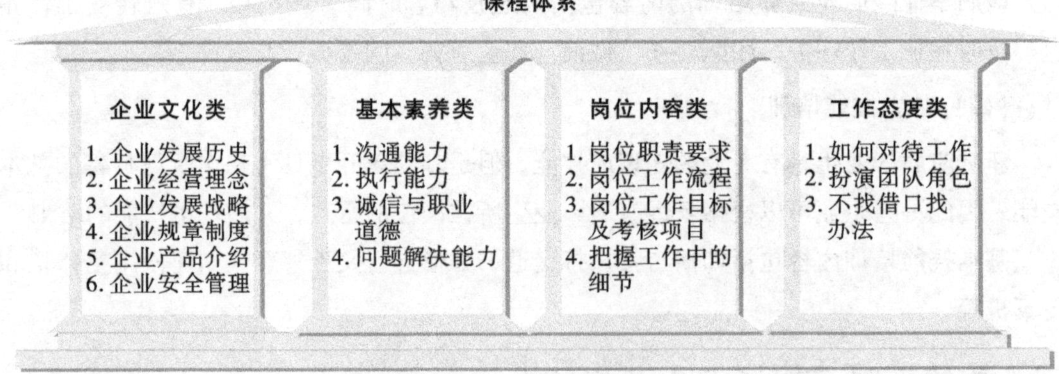

图4-6　某大型家电制造企业新进应届毕业生培训课程体系

（三）某软件咨询公司新进应届毕业生培训课程体系

该软件公司的主要业务之一是ERP系统的研发和构建，因此在设计新进应届毕业生的培训课程体系时，该公司增加了项目管理和专业课程培训，以帮助新进应届毕业生尽快提高工作效率，具体内容如图4-7所示。

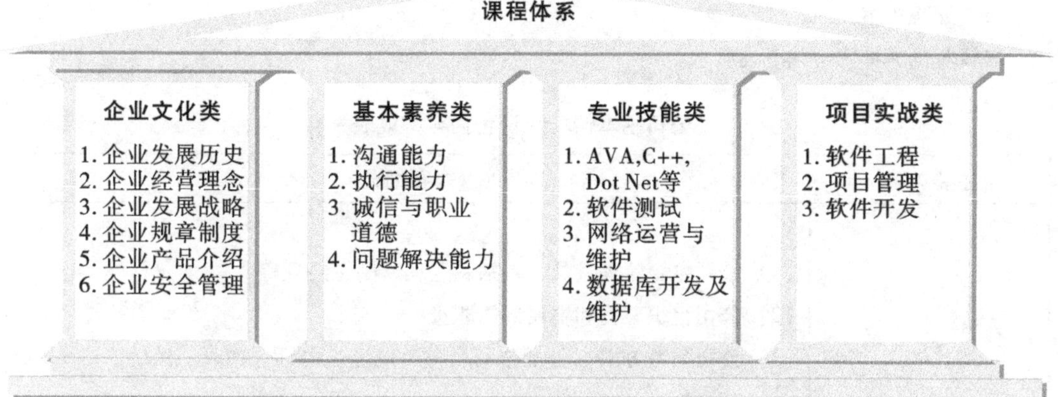

图4-7 某软件咨询公司新进应届毕业生培训课程体系

第三节 新进应届毕业生培训课程设计

培训课程设计是指根据培训课程体系和具体培训需求的要求，确定课程内容、课程教学方法、课程教材、课程分配时间等内容。

一、"公司基本情况"培训课程设计

对于新进应届毕业生的培训，首先是让其了解公司的基本情况，包括公司发展历程、企业目标和发展战略、企业文化以及公司产品等方面的内容。

某公司基本情况培训课程设计方案如下，仅供读者参考。

方案名称	"公司基本情况"培训课程设计方案	编号	
一、课程名称 公司基本情况。 **二、课程目标** 1. 准确复述企业文化。 2. 准确复述公司的组织结构。 3. 列举公司不断发展壮大的实例。			

（续）

三、课程时间

本课程总时长为3个小时。

四、课程内容

本课程的具体内容如下表所示。

“公司基本情况”课程内容构成表

主要内容	内容细分
1. 公司现状介绍	（1）公司主要管理人员，包括总经理、副总经理等 （2）公司组织架构和主要部门职责 （3）公司联系方式，包括公司名称、地址、电话、传真、网址、E-mail、邮编等
2. 公司发展简介	（1）公司成立日期和公司各阶段发展的关键事件 （2）公司目前的规模，包括厂房、人员、资金等
3. 公司发展战略、愿景和企业文化	（1）企业文化 （2）公司发展战略、愿景和使命 （3）公司发展核心竞争力和价值观
4. 公司产品介绍	（1）公司主要产品类型和名称 （2）公司主要产品的质量认证介绍 （3）公司主要产品的销售情况和产品竞争的优劣势

五、授课方式

本次课程的授课方式为由公司内部高层管理人员或人力资源部相关人员面授以及在线学习。

六、课程设计素材

IBM公司的基本信念和松下公司的“松下精神”的内容如下。

（续）

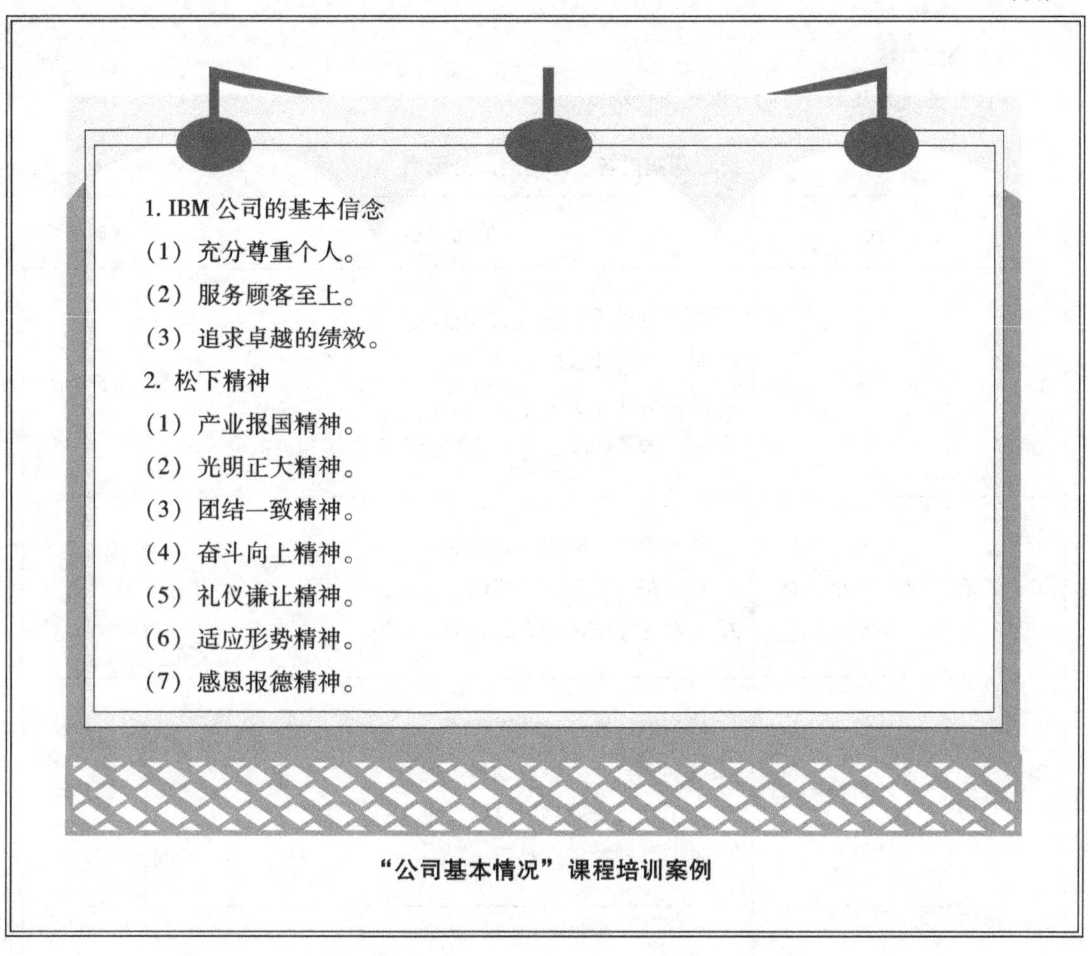

“公司基本情况”课程培训案例

二、“新员工职业素养”培训课程设计

方案名称	某公司“新员工职业素养”培训课程设计方案	编号	

一、课程名称

新员工职业素养。

二、课程目标

1. 列出职业素养四要素。
2. 明确对待企业、工作和自己的正确做法。
3. 准确描述工作礼仪和沟通技巧，并在工作中恰当运用。

三、课程时间

本课程总时长为 4 个小时。

（续）

四、课程内容

本课程的内容及课程时间分配如下表所示。

课程内容及课程时间分配表

课程单元		单元内容	课时分配
第一单元	自我角色认知	1. 从“社会人”变为“企业人” 2. 企业需要什么样的员工 3. 我们为什么而工作 4. 职业素养四要素：敬业、能力、责任和规范	0.5 小时
第二单元	树立积极心态	1. 从大学生到职业人的转变 2. 树立正确观念的重要性 3. 心态是如何影响人的行为的	0.5 小时
第三单元	如何对待工作	1. 清晰地认知自己的工作 2. 盈利来自于为企业创造价值 3. 对工作负责就是对自我负责 4. 追求卓越的工作品质	1 小时
第四单元	如何对待企业	1. 忠于公司就是忠于自己 2. 与企业同舟共济 3. 要有服务公司的意识 4. 接受并尊重领导 5. 赢得信任	1 小时
第五单元	如何对待自己	1. 职业人的仪表礼仪 2. 职业人的办公室礼仪 3. 高效的沟通技巧 4. 时间管理技巧	1 小时

（续）

五、授课方式

本课程的授课方式为面授或网络课程学习。

六、培训场所

此次培训的场所设在公司行政楼第一会议室。

七、课程设计素材

（一）培训故事

1. 个头小和制服大的故事

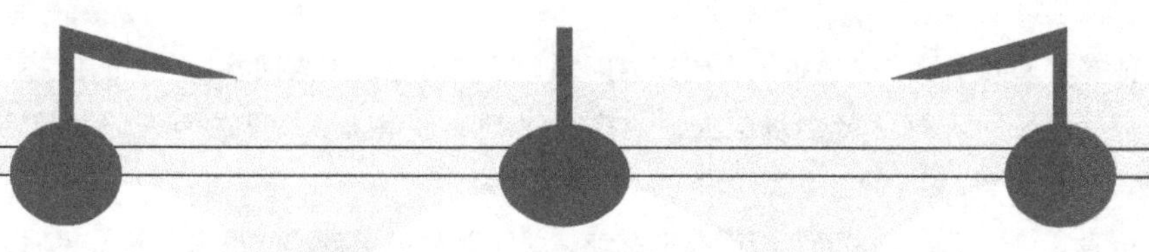

个头小和制服大的故事

森林王国成立了专门的护卫队，负责保护森林的安全。护卫队的成员包括松鼠、老虎、老鹰、大象等。为了确保护卫队有统一、严整的气势，森林王国还专门拨款为护卫队成员定制了制服。护卫队的成员们大受鼓舞，森林王国也因森林护卫队的尽职尽责而秩序井然。

一天，森林王国的国王——狮子视察这支护卫队。

它看到老鹰穿得制服有些肥大，腰带也显得松垮，于是对老鹰说："哈哈，看来你的制服做得太大了。"

老鹰严肃地说："不，是我的个头太小了。"

狮子乐了："个头小不就是制服做大了吗？"

老鹰说："作为一名护卫队的成员，应该先从自己的身上找原因，而不是从其他方面找。"

狮子大为感动，特意嘉奖了老鹰。

启示：作为一名新员工，在开展工作的过程中，面对问题应首先从自身找原因，而不是盲目地推卸责任。

（续）

2. 一名建筑工人的故事

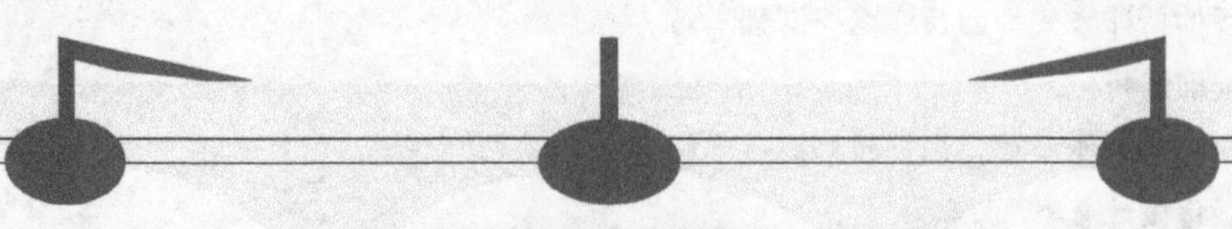

一名建筑工人的故事

一天，一位记者到建筑工地采访，分别向三名建筑工人提问了相同的问题。

他问第一名建筑工人正在干什么活，那名建筑工人头也不抬地回答："我正在砌一堵墙。"

他接着又问了第二名建筑工人同样的问题，第二名建筑工人回答："我正在盖房子。"

最后他又问了第三名建筑工人，这次他得到的回答是："我在为人们建造漂亮的家园。"

记者觉得这三名建筑工人的回答很有趣，就将其写进了自己的报道。若干年后，记者在整理过去的采访记录时，突然看到了这篇报道，三个不同的回答让他产生了去看看这三名建筑工人现在生活得怎么样的想法。等他找到这三名建筑工人的时候，结果令他大吃一惊：当年的第一名建筑工人还是一名建筑工人，仍然像从前一样砌着他的墙；而在施工现场拿着图纸的设计师竟然是当年的第二名建筑工人；至于第三名建筑工人，记者没费多大工夫就找到了，他现在成了一家房地产公司的老板，而前两名建筑工人正在为他工作。

（二）模拟与上级沟通游戏

游戏的具体内容如下表所示。

与上级沟通的游戏示例

人数	20 人	时间	30 分钟
场地	室内	用具	笔、纸
游戏步骤	1. 学员自由结合，五个人一组，每组选出一位领导者 2. 四名下属迅速筹划一个投资项目，并根据项目特点撰写简要的计划书草案 3. 四名下属依次面见领导，说服领导通过该项目计划 4. 各小组用 30 分钟的时间展开讨论 5. 每组派出一名代表对讨论结果进行总结		

（续）

问题讨论	1. 哪些沟通方式领导易于接受，并能取得良好的沟通效果 2. 说服领导时需要运用哪些沟通技巧
游戏技巧	1. 鼓励学员积极发挥自己的主动性 2. 注意合理控制时间

（三）培训格言

在本课程的讲授过程中可以使用的格言如下。

1. “敬业者，专心致志，以事为业也。”——（中）朱熹

2. “沟通中最关键的是要弄懂言外之意。”——（美）彼得·德鲁克

3. “应该记住，我们的事业，需要的是手，而不是嘴。”——（中）童第周

4. “聪明寓于事业之中，此外再没有什么别的聪明了。”——（苏联）高尔基

5. “要成大事，就得既有理想，又讲实际，不能走极端。”——（美）罗斯福

6. “一朵鲜花打扮不出美丽的春天，众人先进才能移山填海。”——（中）雷锋

7. “唯有具备强烈的合作精神的人，才能生存，创造文明。”——（印）泰戈尔

8. “在荆棘道路上，唯有信念和忍耐才能开辟出康庄大道。”——（日）松下幸之助

9. “责任是一种耐心、细致的行动，是把你应该做的事情做到最好的、充满激情的态度。”——（德）歌德

10. “如果你做某事，那就把它做好。如果你不会或不愿做它，那最好不要去做。”——（俄）列夫·托尔斯泰

11. “‘圆滑’是虚伪和怯懦的表现。我们不可能靠圆滑去获得朋友，更不可能靠圆滑去赢得成功。”——（法）罗曼·罗兰

12. “切实苦干的人往往不高谈阔论，他们惊天动地的事业显示了他们的伟大，可在筹划重大事业的时候，他们是默不作声的。”——（俄）克雷洛夫

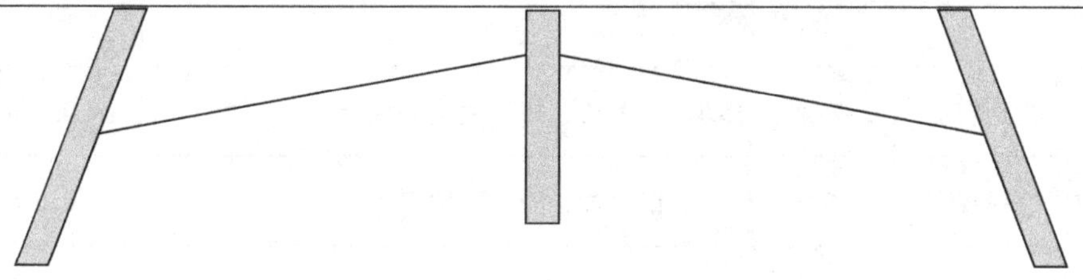

“新员工职业素养”课程培训所用格言示例

三、“薪酬福利规定及相关制度介绍”培训课程设计

<table>
<tr><td>方案名称</td><td>某公司“薪酬福利规定及相关制度介绍”培训课程设计方案</td><td>编号</td><td></td></tr>
<tr><td colspan="4">

一、课程名称

公司薪酬福利规定及相关制度介绍。

二、课程目标

1. 列举同员工切身利益相关的薪酬福利规定。

2. 在生活和工作过程中，能够熟记并遵守公司的各项规定。

三、课程时间

本课程总时长为3个小时。

四、课程内容

本课程的内容及课程时间分配情况如下表所示。

课程内容及课程时间分配一览表

<table>
<tr><th>课程主要内容</th><th>课程内容细分</th><th>课时分配</th></tr>
<tr><td>公司主要福利规定</td><td>食宿、工龄工资、公费脱产培训、定期或不定期外出旅游、重要节假日文娱活动、阅览室、电视房以及员工活动室等</td><td>0.5小时</td></tr>
<tr><td>公司主要行政制度</td><td>住宿、门禁、就餐、考勤、工作时间等规定</td><td>0.5小时</td></tr>
<tr><td>公司主要人事制度</td><td>试用、转正、待遇、工龄工资、加班、请假、转岗、调薪、离职等规定</td><td>1小时</td></tr>
<tr><td>公司主要奖励规定</td><td>嘉奖、记功、记大功、特别奖金等规定</td><td>0.5小时</td></tr>
<tr><td>公司主要惩罚规定</td><td>警告、记过、记大过、降级、解雇等规定</td><td>0.5小时</td></tr>
</table>

五、授课方式

本课程的授课方式为通过幻灯片集中面授或利用网络进行在线学习。

六、课程设计素材

（一）培训故事

</td></tr>
</table>

（续）

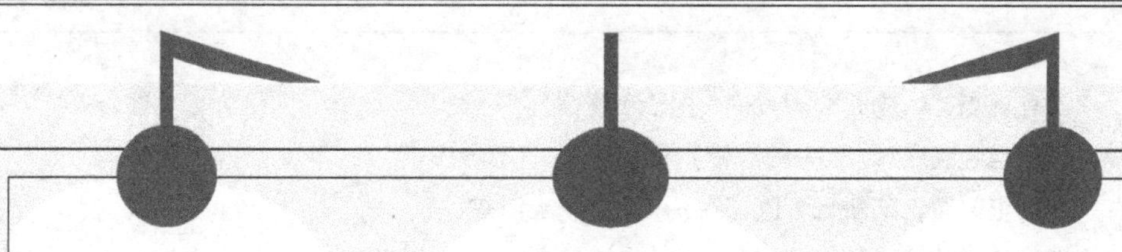

分粥的故事

从前，有七个人住在一起，每天共食一锅粥。因人多粥少，大家争先恐后，秩序混乱，还互相埋怨，心存芥蒂。于是，他们共同想办法解决每天的吃饭问题——怎样公平合理地分食一锅粥。

他们试验了不同的方法。

第一种方法，指定一个人分粥。很快大家就发现，这个人为自己分得粥最多，于是又换了一个人，结果总是主持分粥的人碗里的粥最多、最好。

第二种方法，大家轮流主持分粥，每人一天。这样做虽然看起来公平，但是几乎每周下来，他们只有一天是饱的——就是自己分粥的那一天。

第三种方法，推选出一个品德好的人来分粥，开始这个人还能公平分粥，但没多久，他开始为自己和溜须拍马的人多分，搞得整个小团体乌烟瘴气。

第四种方法，成立一个分粥委员会和一个监督委员会，形成监督和制约机制。基本上是做到了公平，可是等互相扯皮下来，粥吃到嘴里全是凉的，大家对此很不满意。

第五种方法，轮流分粥，而分粥的人要等到其他人都挑完后才能取剩下的最后一碗。令人惊奇的是，采用此办法后，七只碗里的粥每次都几乎一样多，即便偶有不均，各人也认了，大家快快乐乐，日子过得和和气气。

（二）培训格言

在本课程的讲授过程中可以使用的格言如下。

（续）

1. “没有规矩，不成方圆。”——中国谚语

2. “纪律是胜利之母。”——（俄）苏沃洛夫

3. “加强纪律性，革命无不胜。”——（中）毛泽东

4. “纪律是执行路线的保证。”——（中）毛泽东

5. “秩序是自由的第一条件。”——（德）黑格尔

6. “纪律是达到一切雄图的阶梯。”——（英）莎士比亚

7. “不要过分醉心放任自由，一点也不加以限制的自由，它的害处与危险实在不少。”——（俄）克雷洛夫

8. “没有纪律，就既不会有平心静气的信念，也不能有服从，也不会有保护健康和预防危险的方法了。”——（俄）赫尔岑

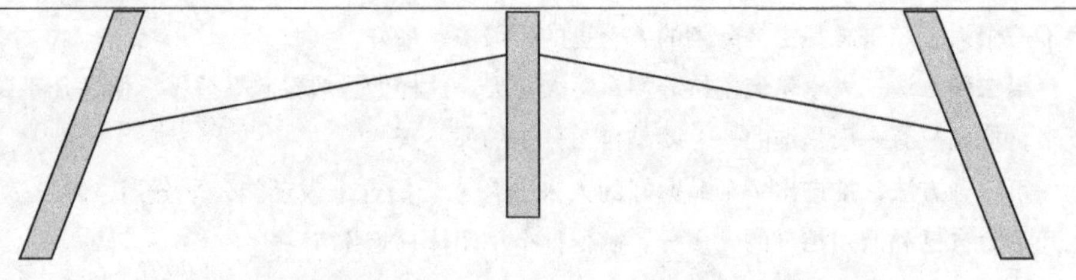

“薪酬福利规定及相关制度介绍”课程培训格言示例

第五章

新进生产一线人员培训设计

第一节　新进生产一线人员培训成本分析

一、明确培训成本项目

培训成本一般包括直接成本和间接成本。直接成本和间接成本的定义及其内容如图5-1所示。

图5-1　直接成本和间接成本的定义及内容示意图

新进生产一线员工的培训项目主要包括集中军训、企业文化和相关制度教育、安全和质量教育、生产流程和岗位教育等。此外，很多企业采用“师带徒”的“传帮带”方式对新进生产一线员工的日常工作进行指导，以帮助新进生产一线员工尽快融入企业，达到符合企业要求的工作标准。

二、计算各项培训成本

对集中军训、企业文化和相关制度教育、安全和质量教育、生产流程和岗位教育的成本分析包括以下内容。

（一）完全在企业内部开展的培训成本计算

当培训讲师为本企业人员、培训场所设在本企业内部时，培训成本包括培训者与受训者的工资、培训管理费用、相关数据费用和培训设备折旧费用等，其计算公式如下。

集中培训成本 = Σ（培训者小时工资 × 培训占用的正常工作小时数）+ 受训者小时工资 × 培训时数 × 受训人数 × 受训天数 + 培训管理费 + 培训材料费 + 培训设备折旧费用

(二)借助外部力量开展的培训成本计算

当培训讲师为外聘人员、培训场所为外部租赁时，培训成本的计算公式如下。

(1)总的培训成本＝培训直接成本＋培训间接成本

(2)直接成本＝教师课时费及补贴＋材料费＋培训教室和视听设备租赁费＋餐费

(3)间接成本＝培训管理费＋项目购买费用＋受训者工资和福利

(4)每个受训者成本＝总的培训成本÷受训人数

(三)“师带徒”成本计算

“师带徒”成本的计算公式如下。

“师带徒”成本＝∑(指导人员每小时工资×指导小时数×每月指导次数)＋
∑(被指导人员每小时工资×指导小时数×每月被指导次数)

说明：在进行“师带徒”培训成本计算时，其中的时间均为正常工作时间。

其他成本还包括企业对“师带徒”管理的费用、“师带徒”所需相关材料的费用等。

第二节　新进生产一线人员培训课程体系

一、确定新进生产一线人员培训内容

(一)新进生产一线人员的特点

通常而言，企业的新进生产一线人员具有以下五个特点。

(1)对企业缺乏深入的了解。

(2)不熟悉生产岗位和生产流程。

(3)不熟悉安全管理的具体要求。

(4)不熟悉企业的生产操作规程和要求。

(5)不熟悉企业生产设备的特点和操作要求。

(二)新进生产一线人员的培训内容

新进生产一线人员的培训内容包括以下五个方面。

(1)企业文化和企业历史培训。

(2)生产安全管理培训。

(3)生产环境与质量体系培训。

(4)生产流程和生产岗位介绍。

（5）通过“师带徒”的方式对新进生产一线人员进行日常工作和生活的指导。

二、构建新进生产一线人员课程体系

企业可根据本企业所处行业的特点、生产特点和培训预算，构建适合本企业的新进生产一线人员的培训课程体系。

某机械配件生产企业新进生产一线人员培训课程体系如图 5-2 所示。

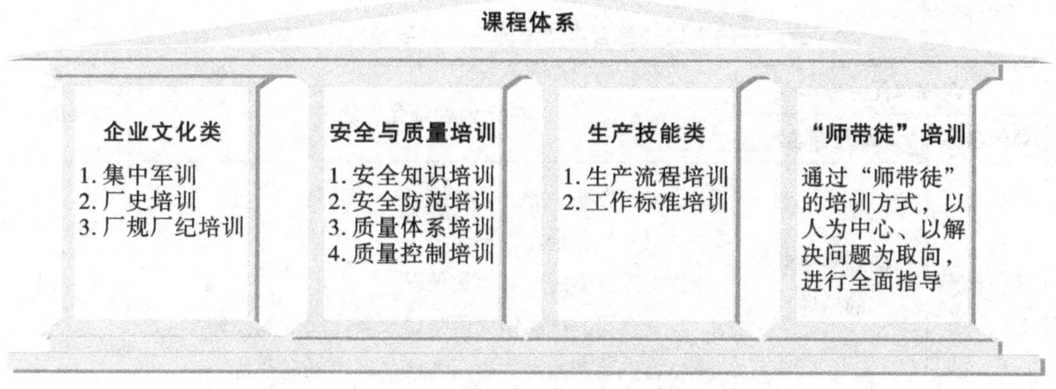

图 5-2　某机械配件生产企业新进生产一线人员培训课程体系示意图

第三节　新进生产一线人员培训课程设计

一、“综合素质培养”培训课程设计

企业依据新进生产一线人员的特点，设计了“综合素质培养”培训课程，培训内容涵盖认同感和忠诚度的培养、职业道德和素质的提升、遵规守纪意识的提高等相关知识，并辅以故事、游戏、讨论等授课方式，为学员提供了表现自我和展示才能的平台。

<table>
<tr><td>方案名称</td><td>某公司新进生产一线人员“综合素质培养”培训课程设计方案</td><td>编号</td><td></td></tr>
<tr><td colspan="4">一、课程名称
新进生产一线人员“综合素质培养”。
二、课程目标
1. 了解公司发展的基本情况。</td></tr>
</table>

（续）

2. 行为素养达到公司的要求。

3. 牢记公司的规章制度。

三、授课时间

本课程总时长为5个小时。

四、课程内容

本课程的内容如下表所示。

生产一线人员“综合素质培养”培训课程内容构成表

课程单元分配		单元内容细化说明	授课时间
单元名称	单元标题		
第一单元	认同感和忠诚度的培养	1. 公司历史和企业文化介绍 2. 公司战略和企业精神介绍 3. 公司近三年的产品销售情况 4. 各分公司、产品销售网络以及新车间的建设情况 5. 公司主要产品种类以及各产品的市场竞争优势	1小时
第二单元	职业道德和素养的提升	1. 形成良好的个人卫生习惯 2. 形成良好的团队合作精神 3. 具有较强的工作责任心 4. 无条件的、完全的执行力 5. 良好的职业认同感和归属感 6. 明确工作责任，服从工作分配	2小时
第三单元	遵规守纪意识的提高	1. 遵守操作规程和规章制度的重要性与必要性 2. 主要规章制度 （1）厂区环境保洁制度 （2）生产车间清洁、消毒制度 （3）生产设备、工具等的清洁、消毒制度	2小时

五、授课方式

本课程采用培训讲师集中面授的授课方式。

六、培训场所

本次培训的场所设在公司第二会议室和生产现场。

（续）

七、课程设计素材

（一）培训故事

1. 关于责任的故事

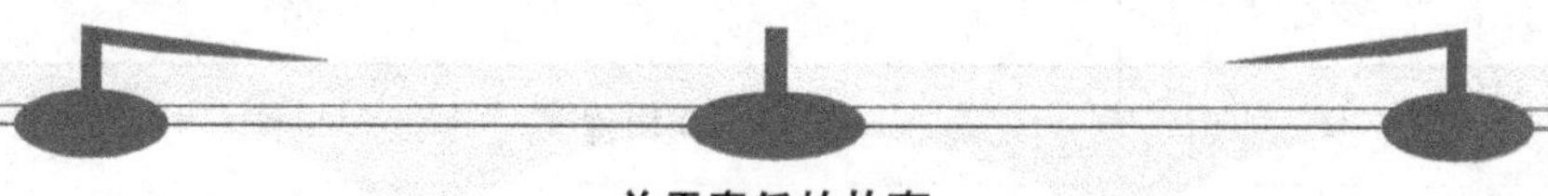

关于责任的故事

五岁的汉克和爸爸、妈妈、哥哥一起到森林里干活，突然间下起雨来，可是他们只带了一件雨披。

爸爸将雨披给了妈妈，妈妈给了哥哥，哥哥又给了汉克。

汉克问道："为什么爸爸将雨披给了妈妈，妈妈给了哥哥，哥哥又给了我呢?"

爸爸回答道："因为爸爸比妈妈强大，妈妈比哥哥强大，哥哥又比你强大呀，我们都会保护比较弱小的人。"

汉克左右看了看，跑过去将雨披撑开挡在了一朵在风雨中飘摇的、娇弱的小花上面。

2. 关于团队合作的故事

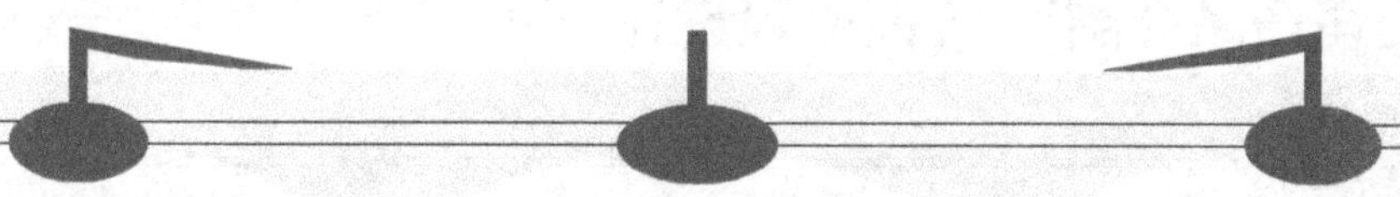

关于团队合作的故事

美国加州的红杉非常高大，它的高度大约相当于30层楼那么高。

一般来说，越是高大的植物，它的根就扎得越深。但科学家惊奇地发现，红杉的根只是浅浅地浮在地面而已。可是，根扎得不深的高大植物多是非常脆弱的，只要一阵大风就可能将它连根拔起。

原来，红杉实际上是一大片的红杉林，这片红杉的根紧密相连，一株连着一株。自然界中再大的飓风，也无法撼动几千株根部相连的红杉林。

红杉的浅根，也正是它能长得如此高大的利器。它的根浮于地表，便于快速而大量地吸收赖以成长的水分，使自身能够快速、茁壮地成长起来，同时，它又不需要耗费太多的能量，像一般植物那样扎下深根。

（续）

（二）关于团队合作的游戏

团队合作游戏实例

人数	15 个人	时间	20 分钟
场地	户外空地	道具	3 根绳子，分别长 20 米、18 米、12 米
游戏步骤	1. 培训者将参训学员分成三组，每组至少有 5 人。 2. 发给第 1 组一条 20 米长的绳子，第 2 组一条 18 米长的绳子，第 3 组一条 12 米长的绳子。 3. 规则：用眼罩将所有人的眼睛蒙上，然后规定第 1 组用绳子围成一个正方形，第 2 组围成一个三角形，第 3 组围成一个圆形 4. 让大家联合起来用绳子建一座房子，房子的形状要由上述三个图形组成，并且要注意美观		
问题讨论	1. 对三组的任务分别进行比较，看哪一组的任务较易完成，为什么 2. 在完成第二个阶段的任务时，大家会遇到什么困难？你们是如何解决的		

二、“公司产品介绍”培训课程设计

方案名称	某制造企业“空调产品知识介绍”培训课程设计方案	编号	

一、课程名称

公司空调产品知识介绍。

二、课程目标

1. 准确说出公司空调产品的特点及优点。
2. 准确复述公司空调产品的竞争优势。
3. 能够向客户准确介绍空调产品的竞争优势。

三、课程时间

本课程总时长为 5 个小时。

四、课程内容

本课程的内容及授课时间的分配情况如下表所示。

（续）

课程内容及授课时间分配表

单元划分		单元内容	授课时间
第一单元	公司空调产品的基本知识	1. 公司空调产品的型号制定标准 2. 公司空调主打产品的类型 3. 公司空调产品的特点和优点	2 小时
第二单元	公司空调产品的竞争优势	1. 公司空调产品的销售状况介绍 2. 公司空调产品的竞争力介绍	1.5 小时
第三单元	公司空调产品的质量和安全	1. 公司空调产品的质量认证情况 2. 公司空调产品运作常见的安全防范措施	1.5 小时

五、授课方式

本次课程授课方式为员工通过 E-Learning 平台进行在线学习。

三、“安全生产教育”培训课程设计

方案名称	某公司“安全生产教育”培训课程设计方案	编号	

一、课程名称

安全生产教育。

二、课程目标

1. 掌握本岗位安全操作规程。
2. 熟悉从事本岗位安全生产工作所拥有的权利和应尽的义务。
3. 准确列举常见安全事故的防范措施和应急措施。
4. 准确列举生产作业的危险、危害因素。
5. 能够对个人防护用品进行正确的使用和简单的维护。

三、授课时间

本课程总时长为 8 个小时。

四、课程内容

本课程的内容如下表所示。

（续）

“安全生产教育”培训课程的内容构成表

课程单元分配		单元授课时间分配
单元名称	单元内容	
第一单元	行业安全生产法律法规	1 小时
第二单元	公司安全生产方针政策	0.5 小时
第三单元	公司安全生产规章制度、操作规程和劳动纪律	1.5 小时
第四单元	员工在安全生产过程中所拥有的权利与应尽的义务	0.5 小时
第五单元	生产现场作业过程中常见的危险征兆和职业危害因素	1.5 小时
第六单元	公司安全设施、劳动防护用品的使用和基本维护要求	1 小时
第七单元	员工工伤保险相关知识	1 小时
第八单元	安全生产事故案例分析	1 小时

五、授课方式

本课程采用网络在线学习和面授方式相结合的授课方式。

六、培训场所

本次培训的场所设在公司第一会议室和车间生产现场。

七、课程设计素材

培训时可以采用的格言警句如下。

1. 事故不难防，重在守规章。
2. 生命只有一次，安全伴君一生。
3. 工作为了生活好，安全为了活到老。
4. 安全连着你我他，平安幸福靠大家。
5. 你对违章讲人情，事故对你不留情。
6. 安全来自长期警惕，事故源于瞬间麻痹。
7. 树立企业安全形象，促进安全文明生产。
8. 加强安全技术培训，人人学会保护自己。
9. 消除一切安全隐患，保障生产工作安全。
10. 按章操作机械设备，时刻注意效益安全。
11. 加强消防安全培训，提升你我安全意识。
12. 质量是企业的生命，安全是职工的生命。
13. 生产再忙，安全不忘，人命关天，安全在先。
14. 安全生产，人人有责；遵章守纪，保障安全。
15. 多看一眼，安全保险；多防一步，少出事故。
16. 危险物品，隔离放置；标识清晰，注意防火。

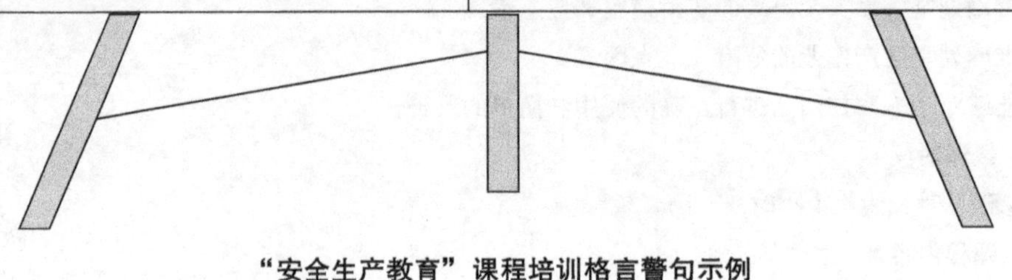

“安全生产教育”课程培训格言警句示例

第六章

新进销售人员培训设计

第一节　新进销售人员培训需求分析

一、了解新进销售人员培训需求

营销新人基本的、通用的培训需求主要包括对营销工作的认识、销售技能与技巧、销售心态和企业产品介绍四个方面的内容，具体如图 6-1 所示。

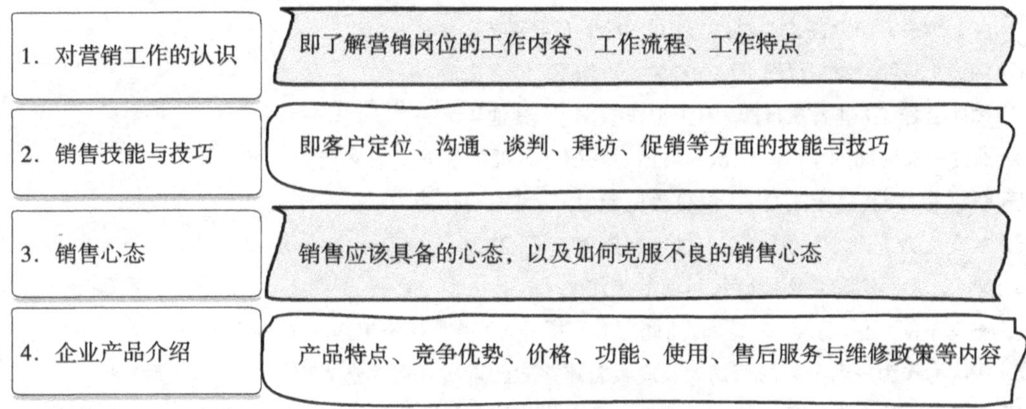

图 6-1　营销新人常见培训需求分析图

二、培训需求分析示范

需求分析示范名称	营销新人培训需求分析示范
一、项目背景 ××公司目前招聘到营销新员工____人，为了实现销售目标和利润目标，公司人力资源部组织营销部经理、各销售主管、销售精英员工对这些营销新人的培训需求开展了一系列的调查与分析工作。 **二、培训需求分析方式** 人力资源部根据公司实际及培训工作需要，选择问卷调查法进行培训需求分析。 **三、培训需求分析时间** 本次培训需求分析的时间为____年__月__日至____年__月__日。 **四、编制培训需求调查问卷** 人力资源部根据营销新人的工作特点，编制了以下培训需求调查问卷。	

（续）

培训需求调查问卷

姓名		入职时间		学历		所学专业	

1. 您入职后哪些领域的知识是您入职培训时没有涉及的（可多选）

□ 跨部门沟通技巧 □ 办公软件使用 □ 办公文案撰写 □ 团队沟通合作

□ 商务公文写作 □ 业务技能 □ 职业心态与情商管理 □ 其他

2. 在工作过程中，您需要了解哪些领域的知识（可多选）

□ 营销技能 □ 客户关系管理 □ 市场策划与公关 □ 渠道经销商网络管理 □ 其他

3. 在工作中，您急需提高哪些方面的能力（可多选）

□ 沟通 □ 商务公文写作 □ 办公文案写作 □ 语言交流

□ 团队合作 □ 理解执行能力 □ 工作效率 □ 其他

4. 通过一段时间的学习，您认为自己存在哪些方面的优势（可多选）

□ 思维能力 □ 反应能力 □ 语言表达能力 □ 文案写作能力

□ 社交能力 □ 执行力 □ 市场策划能力 □ 其他

5. 您入职后是否感觉不能胜任目前的工作

□ 感觉不能胜任 □ 经过一段时间能力有所提升 □ 能胜任该工作

6. 您认为作为一名合格的营销人员应具备哪些职业素质（可多选）

□ 自信 □ 敬业精神 □ 团队合作 □ 注重礼节 □ 主人翁责任感 □ 自我学习能力 □ 其他

五、实施培训需求调查

1. 人力资源部于____年__月__日将调查问卷发放给营销部经理、各销售主管、销售精英员工以及营销新人，并指导这些调查对象填写问卷，以确保问卷的有效性。

2. 被调查人员填写完问卷后，人力资源部及时收回调查问卷。

六、问卷调查结果分析

1. 人力资源部将收回的调查问卷进行整理，以确定有效问卷的份数。本次有效问卷共____份。

2. 人力资源部通过对有效问卷进行分析，得出如下结果。

（1）被调查的人员中，有70.3%的人认为自己上岗之初，需加强营销技能技巧方面的培训。

（2）被调查的人员中，有80.7%的人认为自己上岗之初，需不断提高沟通能力和语言交流能力。

（3）被调查的人员中，有40%的人认为自己在刚从事营销工作时，一旦工作中遇到困难，就会下意识地认为自己不能胜任该项工作，并想放弃该工作。

（4）在被调查的人员，营销部经理、各销售主管、销售精英员工均根据自身的成长经历，对这批营销新人的培训需求提出了良好的建议或意见。

（续）

七、编写培训需求分析报告

人力资源部根据上述调查分析的结果编制本批营销新人的培训需求分析报告，在报告中对被调查人员的基本情况、问卷调查分析结果、营销人员培训需求点、营销人员培训课程建议等均给予了详细说明。其中，营销人员培训课程应包括如下内容。

1. 销售礼仪。
2. 销售沟通技巧。
3. 成功心态培训。
4. 成功销售案例和经验介绍。

第二节　新进销售人员培训成本分析

一、新进销售人员培训成本构成

新进销售人员培训成本构成如表6-1所示。

表6-1　新进销售人员培训成本构成

成本分类	具体成本构成
直接成本	1. 参加培训的新进销售人员每天的薪酬，包括日工资、保险和福利支出等 2. 培训实施所支出的费用 （1）培训讲师费用（外聘或内请） （2）培训场地租金（若在企业内部实施，则该项费用可以省略） （3）培训器材和教材费用、资料费用以及其他费用 （4）为参加培训所支出的交通费用、餐费以及其他费用等
间接成本	1. 前期的培训课程设计成本 （1）培训课程若为外部购买的，则指购买课程的费用 （2）培训课程若为内部设计的，则指课程设计人员为进行课程设计所花费的所有费用，包括工资支出、资料支出及其他费用 2. 课程制作费用，包括课程设计完毕后为满足某种授课形式对课程进行加工和制作，以提高培训效果的费用 3. 参加培训的新进销售人员为参加培训而造成的工作损失 4. 为支持培训实施的管理人员以及其他相关部门人员所支出的费用，主要是指为支持培训实施所支出的工资、交通费用、电话费用以及其他费用

二、新进销售人员培训成本收益

只有当新进销售人员培训的收益大于培训成本时，新进销售人员的培训才是有价值的。企业对新进销售人员的培训投资收益进行估算的内容体现在以下两个方面。

1. 计算新进销售人员培训投资收益的指标

（1）新进销售人员销售业绩提升的幅度和速度。

（2）针对新进销售人员的客户投诉率的下降比例。

2. 计算投资收益率

投资收益率 = 培训收益/培训成本 ×100%

第三节　新进销售人员培训课程体系

一、确定新进销售人员培训内容

在企业培训实践中，对于新进销售人员的培训一直存在较大难度，很多企业在付出高额培训成本的同时，面临的却是试用期刚满、大量接受过培训的新进销售人员离职。尽管新进销售人员的大量离职并不能仅仅归咎于培训，但是，如果新进销售人员的培训能够成功实施，则将有利于降低离职率。

新进销售人员的培训需求特点如图 6-2 所示。

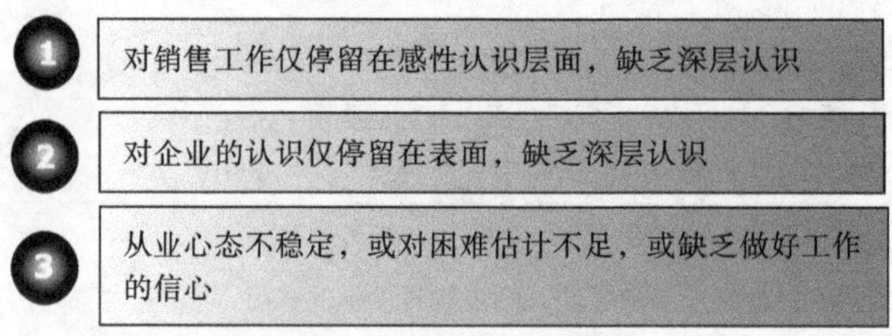

图 6-2　新进销售人员培训需求特点

针对新进销售人员的培训需求特点，新进销售人员培训的内容可以从五个方面展开，具体内容如图 6-3 所示。

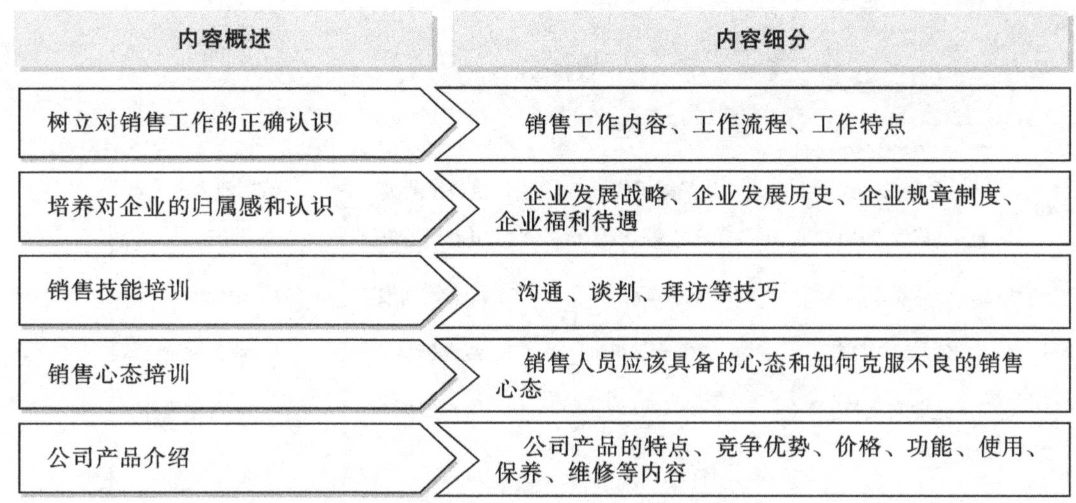

图 6-3 新进销售人员培训内容汇总图

二、构建新进销售人员培训课程体系

企业应在分析新进销售人员的培训需求特点和主要培训内容的基础上，构建新进销售人员培训课程体系。

某公司新进销售人员培训课程体系如图 6-4 所示。

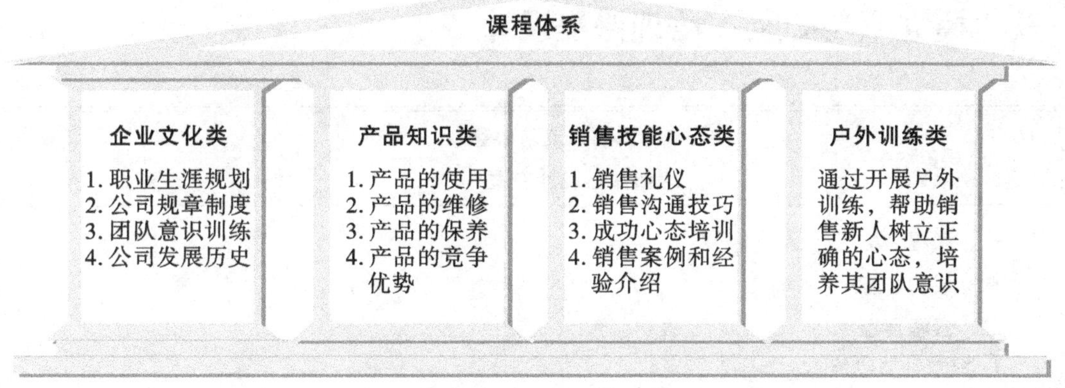

图 6-4 某公司新进销售人员培训课程体系示意图

三、构建电商人员培训课程体系

某公司新进电商人员的培训课程体系如图 6-5 所示。

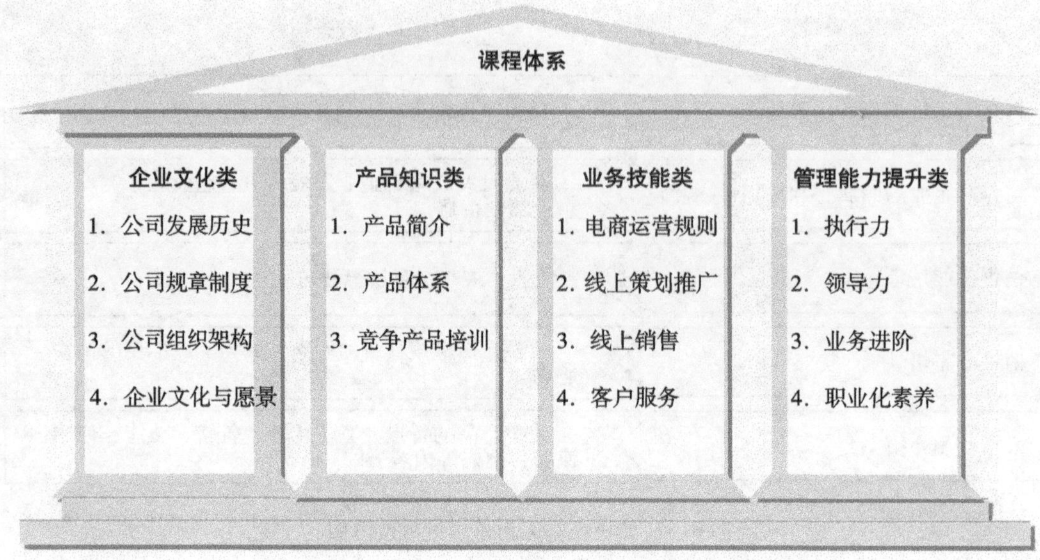

图 6-5 某公司新进电商人员培训课程体系示意图

第四节 新进销售人员培训课程设计

一、“树立成功心态”培训课程设计

方案名称	某公司“树立成功心态” 培训课程设计方案	编号	
一、课程名称 树立成功心态。 **二、课程目标** 1. 列举缺乏成功心态的表现。 2. 复述建立成功心态的措施。 3. 通过树立成功心态开展销售工作，提高销售业绩。 **三、课程时间** 本课程总时长为 5 个小时。 **四、课程内容** 本课程的内容及课时分配如下表所示。			

（续）

课程内容及课时分配表

课程单元		课程内容	课时分配
第一单元	心态重于技巧：销售心态的重要性	1. 举例说明心态比技巧重要的案例，明确说明大多数销售人员销售业绩不佳的主要原因不在于销售技巧掌握不到位，而是缺乏积极的销售心态 2. 销售心态与销售技巧的关系是“皮之不存，毛将焉附” 3. 销售能否成功取决于所拥有的知识、情商、技巧和态度四个要素	1 小时
第二单元	非正常销售心态的表现	1. 畏惧心态 2. 自卑心态 3. 自满心态	1.5 小时
第三单元	树立正确的销售心态	1. 销售冠军的特点 （1）时刻保持自信 （2）主动发掘自身潜能 （3）真心关注与激情 （4）不断强化对成功的渴望 2. 建立并不断强化“我是优秀的”的信念 （1）销售工作重要而伟大 （2）销售是距离成功最近的职业 （3）我愿意为销售付出一切代价 3. 销售人员应当具备的正确销售心态 （1）成就心态 （2）学习心态 （3）乐观心态 （4）包容心态 （5）付出心态 （6）平常心态 （7）双赢心态 （8）感恩心态 （9）自信心态 （10）空杯心态	2.5 小时

五、课程设计素材

（一）“树立成功心态”培训故事

（续）

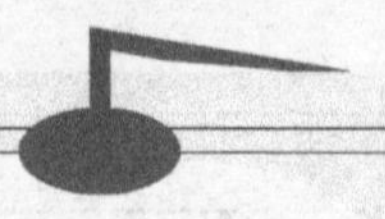

“树立成功心态”的故事

雨后，一只蜘蛛艰难地向墙上支离破碎的网爬去，由于墙壁潮湿，它爬到一定的高度就会掉下来。它一次次地向上爬，一次次地又掉下来……

第一个人看到后，他叹了一口气，自言自语：“我的一生不正如这只蜘蛛吗？生活忙忙碌碌而无所得。”

第二个人看到后，他想：“这只蜘蛛真愚蠢，为什么不从旁边干燥的地方绕一下爬上去？我以后可不能像它那样愚蠢。”

第三个人看到后，他立刻被蜘蛛屡败屡战的精神感动了。

秘诀：有成功心态者处处都能发掘出成功的力量。

（二）“树立双赢心态”培训故事

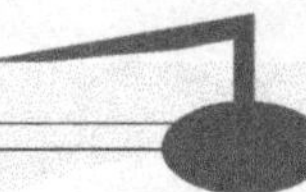

“树立双赢心态”的故事

从前，有两个饥饿的人得到了一位长者的恩赐：一根鱼竿和一篓鲜活硕大的鱼。经过谈判，其中一个人得到了一篓鱼，另一个人得到了一根鱼竿。得到鱼的人原地煮起了鱼，他狼吞虎咽，转瞬间，连鱼带汤就被他吃完了，不久，他便饿死在空空的鱼篓旁。另一个人则提着鱼竿继续忍饥挨饿，一步步艰难地向海边走去，可还没走到海边，他浑身的最后一点力气也用完了，所以，他带着无尽的遗憾撒手人间。

又有两个饥饿的人，他们同样得到了长者恩赐的一根鱼竿和一篓鱼。经过谈判，他们并没有各奔东西，而是商定共同去寻找大海，饿了每次只煮一条鱼，经过遥远的跋涉最终来到了海边。从此，两人开始了以捕鱼为生的日子，几年后，他们盖起了房子，有了各自的家庭、子女，也有了自己的渔船，从此过上了幸福安康的生活。

（续）

（三）“树立成功心态”课程培训格言

在本课程的讲授过程中可以使用的格言如下。

“人与人之间只有细小的差异，但这细小的差异造成结果巨大的不同：成功或失败。而这细小的差异就是积极或消极的心态！”

——（美）拿破仑·希尔

“你生活得怎么样更多地取决于你对生活的态度，而不是生活所带给你的；更多地取决于你怎样看待你所遇到的事而不是事情本身。”

——（美）约翰·郝墨·米勒

“要有自信，然后全力以赴——假如有这种信念，任何事情十有八九都能成功。”

——（美）威尔逊

“有信心的人，可以化渺小为伟大，化平庸为神奇。”

——（英）萧伯纳

“古之立大事者，不惟有超世之才，亦必有坚韧不拔之志。”

——（中）苏轼

“要记住：历史上所有伟大的成就，都是由于战胜了看来是不可能的事情而取得的。”

——（英）卓别林

“什么是成功的秘诀，很简单，无论何时，不管怎样，我也绝不允许自己有一点点灰心丧气。”

——（美）爱迪生

“常向光明快乐的一面看，那就是我一生成功的秘诀。”

——（法）柯克

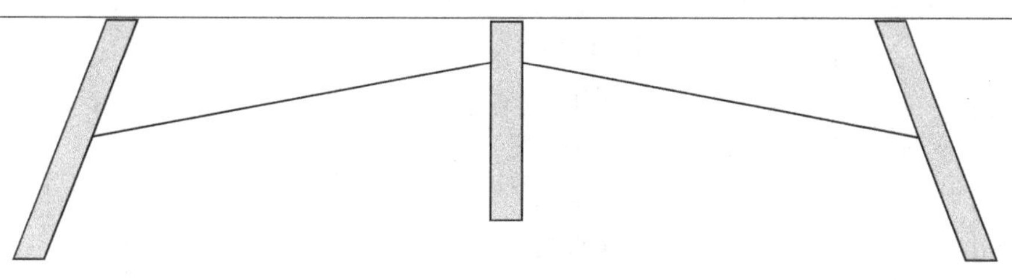

“树立成功心态”课程培训格言示例

二、"提升销售技能"培训课程设计

方案名称	某公司"提升销售技能"培训课程设计方案	编号	

一、课程名称

提升销售技能。

二、课程目标

1. 掌握开展营销工作的工作步骤和流程。
2. 运用所掌握的技巧和技能开展对客户的销售工作。
3. 能够根据开展工作的需要编制各种符合要求的计划书。

三、课程时间

本课程总时长为9个小时。

四、课程内容

本课程的内容及授课时间分配如下表所示。

课程内容及授课时间分配表

内容划分	内容细分			授课时间
第一单元 销售流程	第一章	发掘 潜在客户	1. 客户和购买者的类型 2. 发掘潜在客户的资源包括内部资源和外部资源 3. 发掘潜在客户的方法包括查找产业公司名录、获取竞争对手的相关客户信息等	1小时
	第二章	筛选 潜在客户	1. 筛选标准 （1）使用频率 （2）竞争状况 （3）决策人员 （4）销售收入 （5）付款条件 2. 如何与潜在客户建立联系 （1）建立联系的时机 （2）建立联系的方法 （3）建立联系的要点	1.5小时

（续）

内容划分	内容细分			授课时间
第一单元 销售流程	第三章	发现 客户需求	1. 客户拜访的准备工作 （1）确认客户拜访前的计划工作 （2）确保在客户拜访过程中实现客户拜访目标 （3）明确如何实现客户拜访的目标 2. 确认客户需求的方法 （1）通过开放式或封闭式问题进行提问 （2）重复客户的表述 （3）鼓励客户自由谈论其需求和目标	1 小时
	第四章	缔结 合作协议	1. 如何设计好一份计划书 2. 如何对计划书进行演示	1 小时
	第五章	向客户 提供服务	1. 应对客户反对意见 2. 有效处理客户投诉 3. 对客户进行定期回访	1.5 小时
	第六章	与客户建 立稳定的 合作关系	1. 如何以现有客户为基础扩大销售业绩 2. 扩大销售业绩的方法 （1）扩大现有客户的需求量 （2）向客户推荐新的产品及服务 （3）通过现有客户的介绍发现新客户的线索	1 小时
第二单元 销售技巧	第七章	判断客户 购买信号	1. 一连串对产品或服务的正面评价 2. 突然的、正面的态度转变 3. 认真询问产品或服务的细节问题 4. 询问产品价格信息 5. 正面非语言的意思表示	1 小时
	第八章	访谈技巧、提问技巧和聆听技巧		1 小时

五、授课方式

本课程采用集中授课和角色演练相结合的授课方式。

六、培训场所

本次培训的场所设在公司第三会议室。

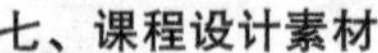

（续）

七、课程设计素材

（一）提升销售技能培训故事

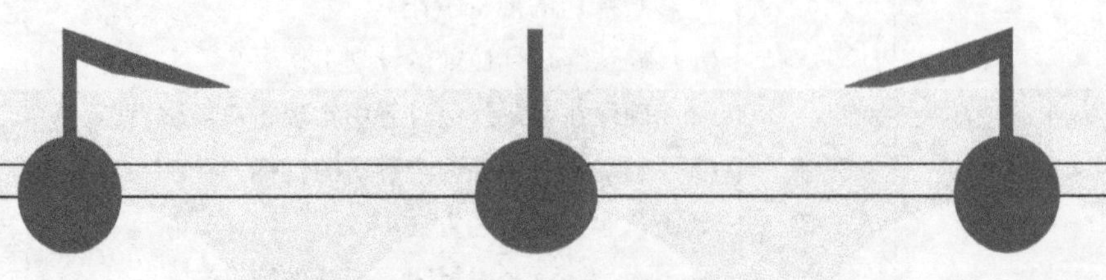

"提升销售技能"的故事

乔·吉拉德是世界上著名的营销专家。在商业推销史上，他独创了一种巧妙的促销法，被世人广为传诵。

乔·吉拉德创造的是一种有节奏、有频率的"持续关心别人"的促销法。他认为所有认识的人都是自己的潜在客户，而"客户是我们的衣食父母"，对这些潜在的客户，他每年大约要寄上12封广告信函，每次均以不同的色彩及形式投递，并且尽量在信封上不使用与他的行业相关的名称。

1月份，他的信函上展现的是充满喜庆气氛的图案，同时配以几个大字"恭贺新禧"，下面是一个简单的署名："雪佛兰轿车，乔·吉拉德敬上。"此外再无多余的话，即使遇上大拍卖期间，也绝口不提买卖。

2月份，信函上写的是"请您享受快乐的情人节！"下面仍是简短的签名。

3月份，信函上写的是："祝您圣巴特利库节快乐！"圣巴特利库节是爱尔兰人的节日，也许收到信函的人是波兰人或是捷克人，但这无关紧要，关键是吉拉德不忘表达良好的祝愿。

然后是4月、5月、6月……每月一张。不要小看这几张信函，它们所起到的作用非常大。不少客户一到节日，往往会问："过节有没有人来信？"或者惊呼："乔·吉拉德又寄来一张卡片！"

吉拉德没有说过一句："请你们买我的汽车吧！"但这种"不说之语"、不讲推销的推销，反而会给人们留下了最深刻、最美好的印象，等到他们打算买汽车时，往往第一个想到的就是吉拉德。

（续）

（二）提升销售技能培训格言

在本课程的讲授过程中可以使用的格言如下。

“我相信推销活动真正的开始在成交之后，而不是之前。在我看来，推销是一个连续的过程，成交既是本次推销活动的结束，也是下次推销活动的开始。推销员在成交之后应该继续关心客户，这样才会既赢得老客户又吸引新客户，你的生意才会越做越大，客户才能越来越多。”

“如果销售代表不能让客户签订单，产品知识、销售技巧都毫无意义。不成交，就没有销售。”

“没有得到订单并不是一件丢脸的事，但不清楚为什么没有得到订单则是丢脸的。”

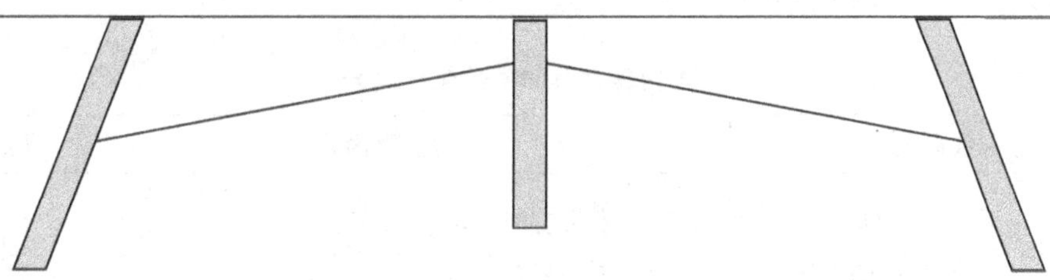

“提升销售技能”课程培训格言示例

（三）提升销售技能游戏

1. 适用范围

该游戏适用于新进销售人员的首次培训。

2. 游戏简介

受训人员相互推销自己，让别人记住自己的名字，谁的名字被记住得最少，他就需要重新推销一遍。

“提升销售技能”课程培训游戏示例

三、“电商销售技能”培训课程设计

方案名称	某公司“电商销售技能”培训课程设计方案	编　号	

一、课程名称

电商销售技能培训。

二、课程目标

本课程的目的是提升网店客服人员营销与成单技巧。

三、课程时间

本课程总时长为9个小时。

四、课程内容

本课程的内容及其时间分配如下表所示。

课程内容及其时间分配一览表

课程单元		课程主要内容	课时分配
第一单元	良好的心态与目标的设定	1. 销售人员应有的心态与态度 2. 设立销售目标	1.5小时
第二单元	售前准备	1. 了解线上策划推广技巧 2. 产品知识介绍 3. 了解网络营销规则 4. 沟通技巧培训	2小时
第三单元	销售的五个步骤	1. 接洽客户 2. 了解需要 3. 推介产品 4. 连带销售 5. 完成销售	3小时
第四单元	完成销售	1. 处理异议 2. 识别购买信号 3. 促成交易的方法	1.5小时
第四单元	售后服务	1. 售后退换货培训 2. 建立客户档案	1小时

四、“微商销售技能”培训课程设计

方案名称	某公司“微商销售技能”培训课程设计方案	编　号	

一、课程名称

微商销售技能培训。

二、课程目标

通过本次培训帮助新代理迅速建立起微信营销的方法体系。

三、课程时间

本课程总时长为7个小时。

四、课程内容

本课程的内容及其时间分配如下表所示。

课程内容及其时间分配一览表

课程单元		课程主要内容	课时分配
第一单元	前期准备	1. 亲自体验产品 2. 学习产品知识 3. 搭建营销平台 4. 自己拍产品图	1小时
第二单元	营销策略	1. 如何激发客户的兴趣 2. 如何提升与微信好友的信任度 3. 推荐产品 4. 催单技巧 5. 如何增粉 6. 个人品牌的树立	3小时
第三单元	注意事项	1. 切勿刷屏 2. 广告发布时段分析 3. 坚持并注意保持后续联系 4. 切勿只发广告、没有互动 5. 总结经验、教训	2小时
第四单元	案例分享		1小时

第七章

新进技术人员培训设计

第一节 新进技术人员培训需求分析

一、进行组织层面分析

新进技术人员培训需求的组织层面的分析主要是从企业的角度出发，分析新进技术人员在组织这一个层面应了解的内容。

一般来说，对企业新进技术人员而言，这一层面的培训需求分析主要包括以下三方面的内容。

（1）企业概况及发展战略目标。

（2）企业规章制度及其他相关规范。

（3）与岗位有关的技术能力培训。

二、进行职务层面分析

（一）工作要求及职责

根据技术人员的岗位说明书，分析新工作对新进技术人员的知识和技能要求以及具体的职责，从而有针对性地确定培训的具体内容。

（二）技术的发展趋势

对于从事技术方面工作的人员来说，了解本行业的技术发展趋势是必须学习的内容之一。

三、进行个人层面分析

由于新进技术人员的现有技能存在差异，在对其进行培训前，企业可采用试卷测试或实际操作等方式来了解新进员工的现有技能和岗位要求之间的差距，然后再对培训需求进行整理分析。

第二节 新进技术人员培训课程体系

一、确定新进技术人员培训课程内容

企业在培训需求分析的基础上确定新进技术人员培训课程内容。其设计出的课程内容结构示例如图 7-1 所示。

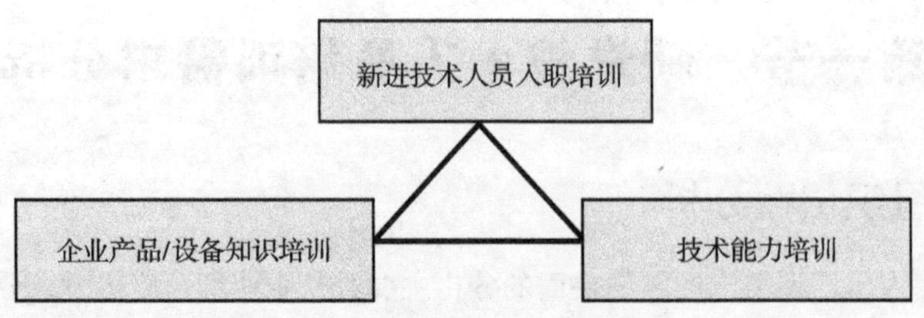

图 7-1　新进技术人员培训课程内容

二、构建新进技术人员培训课程体系

企业在对新进技术人员的培训需求和主要培训内容进行分析的基础上，构建新进技术人员培训课程体系。

某公司新进技术人员培训课程体系如图 7-2 所示。

图 7-2　某公司新进技术人员培训课程体系示意图

第三节　新进技术人员培训课程设计

一、"以用户为中心的产品设计方法"培训课程设计

新进技术人员一般都具有一定的技术基础，但在实践经验方面可能存在一定的欠缺或不足，"以用户为中心的产品设计方法"这门课程可以为新进技术人员提供产品设计方法的指导。

方案名称	某公司"以用户为中心的产品设计方法"培训课程设计方案	编 号	

一、课程名称

以用户为中心的产品设计方法。

二、课程目标

1. 掌握以用户为中心的设计（UCD）原则、工作流程等。
2. 深刻掌握以用户为中心的设计（UCD）操作方法。

三、课程时间

本课程总时长为 4 个小时。

四、课程内容

本课程共分三个单元，由产品经理对新进技术人员进行培训，课程单元构成及其内容如下表所示。

课程单元构成及内容

单元	模块	内容
第一单元	UCD 解析	1. 一个好用的产品的特征 2. UCD 关注什么 3. 传统设计方法与 UCD 设计方法的差别
第二单元	UCD 工作规程	1. UCD 设计要求 2. UCD 流程的关键活动 3. UCD 实施过程中应注意的问题
第三单元	业界优秀的 UCD 实践	选择了一些使用 UCD 的国内外知名企业为案例，与新进技术人员共同进行研究分析

五、授课方式

本课程采用"讲解 + 案例分析"的授课方式。

二、“产品需求开发”培训课程设计

企业新进技术人员中，与企业产品开发有关者应对产品的需求开发有一定的认识和了解，这也有利于后续工作的开展，对此我们设置了“产品需求开发”这门培训课程。

方案名称	某公司“产品需求开发”培训课程设计方案	编 号	

一、课程名称

产品需求开发。

二、课程目标

1. 掌握产品需求开发的流程和关键点。
2. 熟练掌握产品需求开发策略和步骤。

三、课程时间

本课程总时长为7个小时。

四、课程内容

本课程的单元构成及主要内容如下表所示。

课程单元构成及内容

单元	构成	主要内容
第一单元	产品需求开发的概述	1. 专业词汇介绍 2. 产品需求开发中的两类问题 3. 需求开发与需求管理 4. 需求开发人员的角色与职责
第二单元	产品需求的采集和挖掘	1. 需求的信息来源及其分类 2. 需求采集的三大要素 3. 需求开发前的准备 4. 用户的“痒点”和“痛点”是什么 5. 如何面对用户过高的“期望值”
第三单元	产品需求规划	1. 规划产品需求的方法 2. 产品需求开发策略和六大步骤 3. 关注客户需求 4. 产品需求分析模型

（续）

单元	构成	主要内容
第四单元	产品需求的分析与沟通	1. 需求分析的三个要点 2. 分析功能性需求的三种工具 3. 需求的平衡与可行性分析 4. 平衡产品需求与其他管理要素之间的矛盾 5. 需求文档的规范化
第五单元	管理需求变更	1. 变更管理的运作方式 2. 变更管理的度量 3. 如何拒绝不合理的需求变更申请 4. 如何将“需求变更”转化为“需求变通”

五、授课方式（略）

三、“水暖工程技术”培训课程设计

企业新进技术人员在入职期间需进行工程技术方面的培训，这能使员工快速进入工作状态，更好地开展日常工作。

方案名称	某公司“水暖工程技术”培训课程设计方案	编 号	

一、课程名称

水暖工程技术培训。

二、课程目标

本课程的目标是帮助受训学员快速掌握工程施工技巧。

三、课程时间

本课程总时长为6个小时。

四、课程内容

本课程的单元构成及主要内容如下表所示。

（续）

课程单元构成及内容

单元	构成	主要内容
第一单元	基本知识介绍	1. 各类术语 2. 地暖设计的一般规定
第二单元	施工管理	1. 施工安装前应具备的条件 2. 所有进场材料、产品的技术文件的要求 3. 施工的环境温度要求 4. 施工过程中的注意事项 5. 施工结束后竣工图的绘制和加热管的标注
第三单元	地热设计施工案例	—

五、授课方式（略）

六、培训场所（略）

四、“互联网思维下的服务营销”培训课程设计

方案名称	某公司“互联网思维下的服务营销”培训课程设计方案	编 号	

一、课程名称

互联网思维下的服务营销培训。

二、课程目标

1. 了解“互联网+”的特点和互联网思维。
2. 熟练使用多种服务营销方法进行营销活动。

三、课程时间

本课程总时长为4个小时。

四、课程内容

本课程的单元构成及主要内容如下表所示。

课程单元构成及内容

单元	构成	主要内容
第一单元	什么是互联网思维	1. 互联网思维是什么 2. 互联网时代10大创新思维培养

（续）

单元	构成	主要内容
第二单元	如何用互联网思维做好服务营销	1. “互联网＋时代”的创新方法 2. 营造服务营销的体验感 （1）服务营销的体验感所带来的二次销售 （2）以用户为中心进行服务营销 （3）解除用户内心深处细小的痛点 3. 最新发展动态和案例分析
第三单元	服务营销与大数据	1. 基本概念 （1）大数据是什么 （2）为什么大数据这么火 2. 如何利用大数据做好服务营销 （1）挖掘数据下的真实需求 （2）根据不同的数据分析结果进行精准的服务营销
第四单元	实际操作	学员结合学习内容和工作实际，运用培训专用互联网创新工具，设计一则产品营销方案

五、培训方式

本课程采用“讲解＋案例分析＋头脑风暴＋实操”的培训方式。

六、培训场所

本课程的培训场所设在公司培训室。

七、课程设计素材（略）

第八章

新任生产班组长培训设计

第一节　新任生产班组长培训需求分析

一、进行组织层面分析

关于新任班组长组织层面的分析，我们主要是从企业的角度出发，分析新任班组长在组织这一层面应了解的内容。一般来说，对于与企业相关的新任班组长的培训需求分析，我们主要从以下三个方面展开。

（1）新职位的岗位要求。

（2）企业期望达到的绩效水平。

（3）新团队的认识和融入以及所需掌握的新技能。

二、进行职务层面分析

（一）职务角色分析

新任班组长职务角色分析是要确定班组长作为基层管理者应扮演什么样的角色。只有了解了班组长扮演的角色，才能挖掘出他们的培训需求。生产班组长的角色定位如图8-1所示。

1. 从企业层面来看，班组长管理着一线生产操作人员，其是产品质量、生产成本等指标达成的最直接的责任者
2. 从班组长的上级管理层来看，班组长是对领导命令、决策的贯彻者和执行者
3. 对企业生产一线的员工来说，班组长是直接的领导者，负责对一线生产员工进行生产作业指导
4. 班组长自己也承担着一定的生产任务

图8-1　生产班组长的角色定位

（二）工作任务分析

工作任务分析是指系统地收集关于某项工作信息的方法。企业进行工作任务分析的目的是为了达到最优的绩效，确定重点的工作任务以及从事该项工作的员工需要学习的内容。

对于新任班组长的工作任务分析，我们可以通过工作日志、工作绩效等抽样分析一年前刚任职的班组长，掌握其一年内发挥业务价值的曲线，并与其做重点访谈，了解他们刚开始进入公司时有哪些困惑，听取他们对培训组织、培训内容、培训方式的建议和意见。

三、进行个人层面分析

新任生产班组长培训需求分析的重点是个人能力分析，表 8-1 则是从生产班组长必备能力的角度出发设计的调查问卷。通过该问卷可以获得相关信息，从而为分析新任班组长的培训需求和培训的侧重点提供参考依据。

表 8-1　新任生产班组长培训需求调查问卷

本问卷可以由本人、上级或同事来打分，作为其培训发展需求制定的参考资料。

核心能力	行为表现	缺乏	改善	有效	发展	优秀
沟通技巧	1. 能清晰进行表达及演说	□1	□2	□3	□4	□5
	2. 仔细聆听，善于回应他人感受	□1	□2	□3	□4	□5
	3. 维护他人自尊，增强自信	□1	□2	□3	□4	□5
	4. 使他人接受建议，并采取相应行动	□1	□2	□3	□4	□5
	5. 善于与人交流，推动沟通过程，传递有利于企业发展的信息	□1	□2	□3	□4	□5
团队合作	1. 言行一致，信守承诺	□1	□2	□3	□4	□5
	2. 个人行动以团队利益和团队荣誉为主导	□1	□2	□3	□4	□5
	3. 积极寻求帮助，邀请并鼓励员工参与讨论	□1	□2	□3	□4	□5
	4. 互相学习，主动提出改善建议，促进团队目标的实现	□1	□2	□3	□4	□5
问题解决能力	1. 能发现产品设计或生产过程中出现的问题	□1	□2	□3	□4	□5
	2. 对于内外部提出的关于产品设计、生产现场管理、生产工艺、产品质量等各方面的问题，能进行初步的判断和简单的处理	□1	□2	□3	□4	□5
计划执行能力	1. 能根据企业或上级的要求，制定本岗位的工作目标，并将其分解成可执行的操作步骤，设计优先次序后形成“任务时间进度表”	□1	□2	□3	□4	□5
	2. 能够准确评估实现工作目标所需的人、财、物等资源，并做出资源配置的可行性方案	□1	□2	□3	□4	□5

（续表）

核心能力	行为表现	缺乏	改善	有效	发展	优秀
安全操作能力	1. 熟悉本行业、本企业的安全生产知识	□1	□2	□3	□4	□5
	2. 在生产过程中，不仅能够严格执行安全生产的各项要求，还能对他人的不合理行为进行纠正	□1	□2	□3	□4	□5
安全管理能力	1. 熟悉生产安全与消防管理知识，并能够引导他人学习、掌握安全管理知识	□1	□2	□3	□4	□5
	2. 能够对可能引发安全事故的设备（工具）或生产过程进行及时处理，尽量将隐患消灭在萌芽状态	□1	□2	□3	□4	□5
	3. 对于突发性安全事件能够予以及时处理，并能配合国家有关部门做好重大事故的调查取证工作	□1	□2	□3	□4	□5
教练能力	1. 对下属的优势以及成长过程有比较深入的了解，对其潜能和未来前途有准确的预测和评价	□1	□2	□3	□4	□5
	2. 指导下属时，能给予详细的指示或示范，告诉下属完成某项任务的具体步骤，提出明确、有用的建议	□1	□2	□3	□4	□5
	3. 通常情况下，能够针对下属的不同特点采用不同的指导方式，使其掌握完成任务的具体方法	□1	□2	□3	□4	□5
生产组织协调能力	1. 与人沟通时，不仅懂得如何去说，更懂得如何聆听	□1	□2	□3	□4	□5
	2. 组织各项生产工作时考虑周到，能根据生产任务的重要、紧急程度提前分配或调动各种资源	□1	□2	□3	□4	□5
	3. 能够协调部门内部各成员在生产工作方面的分歧及行动上的不协调；能够采取有效措施和调解技巧平息团队内部发生的冲突	□1	□2	□3	□4	□5

（续表）

核心能力	行为表现	缺乏	改善	有效	发展	优秀
压力承受能力	1. 能够意识到目前面临的压力	□1	□2	□3	□4	□5
	2. 明确个人职能及应承担的责任	□1	□2	□3	□4	□5
	3. 适时释放压力，进行自我放松和调整	□1	□2	□3	□4	□5
	4. 勇于面对因个人过失而带来的负面影响	□1	□2	□3	□4	□5
	5. 坦然面对工作中的挑战和困难，并积极寻找解决方法	□1	□2	□3	□4	□5
人才的培养与发展	1. 明确团队的合作与发展所需要的人才	□1	□2	□3	□4	□5
	2. 勇于面对因个人过失而带来的负面影响	□1	□2	□3	□4	□5
	3. 了解每位员工的培训需求，并为其提供相应的培训	□1	□2	□3	□4	□5
	4. 了解每位员工的能力与意愿，并为其安排合适的工作	□1	□2	□3	□4	□5

第二节　新任生产班组长培训课程体系

一、确定新任生产班组长培训课程内容

企业应在对新任生产班组长进行培训需求分析的基础上确定新任生产班组长的培训课程内容，具体内容概况如图 8-2 所示。

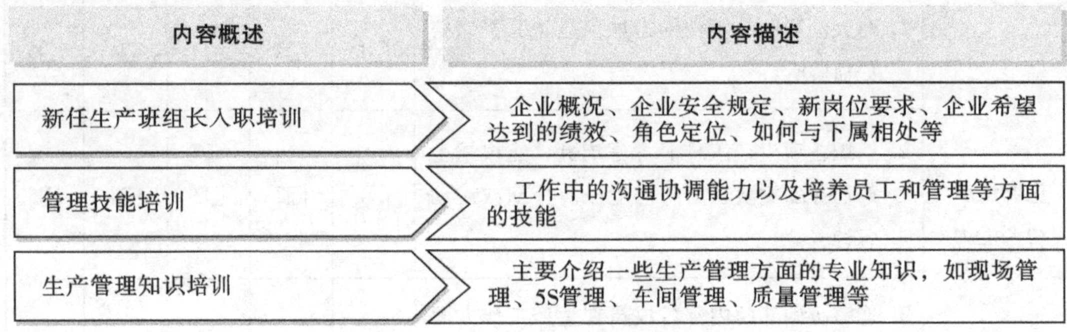

图 8-2　新任生产班组长培训课程内容

二、构建新任生产班组长培训课程体系

企业可在对新任班组长的培训需求和主要培训内容进行分析的基础上构建新任班组长培训课程体系。

某公司新任班组长的培训课程体系内容如图 8-3 所示。

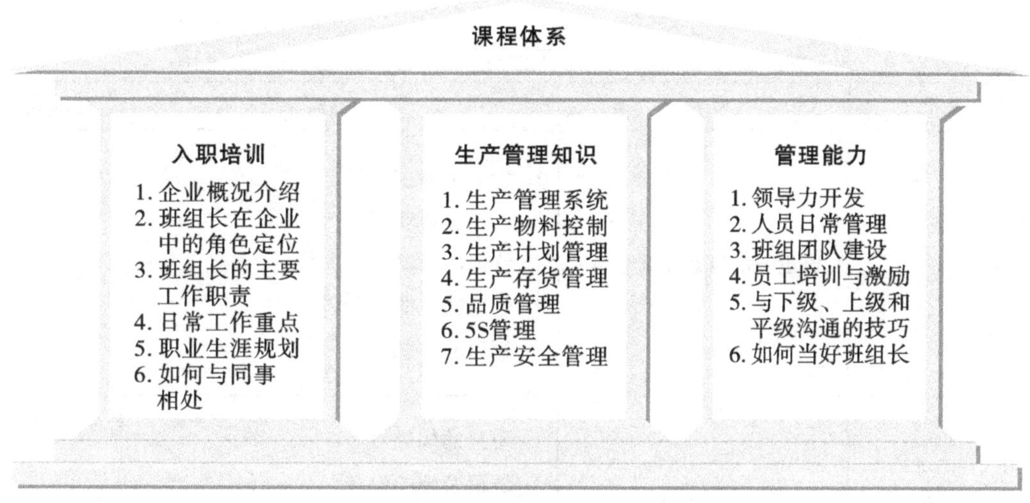

图 8-3 新任班组长培训课程体系

第三节 新任生产班组长培训课程设计

一、“班组长角色认知”培训课程设计

新任班组长大多是生产一线员工中的佼佼者，他们虽然拥有娴熟的技能，但在带领团队方面却缺乏经验。企业针对此状况设计了新任生产班组长角色认知培训课程。

方案名称	某公司“班组长角色认知”培训课程设计方案	编号	

一、课程名称

班组长角色认知。

二、课程目标

1. 能够列举生产班组长的基本任务。

（续）

2. 能够熟练地进行角色定位和角色转换。

三、课程时间

本课程总时长为 4 个小时。

四、课程内容

本课程的单元构成及主要内容如下表所示。

课程单元构成及内容

单元	构成	内容	授课人
第一单元	班组长的管理基础知识	1. 什么是管理 2. 为什么要管理 3. 管理的对象 4. 管理的职能 5. 管理的技能	企业生产经理
第二单元	班组管理	1. 班组的构成 2. 班组管理的内容 3. 班组管理的作用 4. 班组管理存在的主要问题	
第三单元	班组长的基本任务	1. 班组长的使命 2. 班组长的主要任务	
第四单元	班组长的角色分析、定位与转换	1. 角色分析 2. 角色定位 3. 角色转换	

五、授课方式

本课程采用“讲解 + 案例分析”的授课方式。

六、培训场所

本课程培训的场所设在生产部会议室。

七、课程设计素材

（一）案例分析

在课程讲授过程中，可以引用下面的小案例进行讲解。

（续）

由于某班组新进了两名员工，当月的次品率上升了6%，主管为此责备了班组长。

班组长说："这不关我的事，次品全是两名新员工生产的。"

主管说："你要给予他们指导和帮助。"

班组长说："我哪有时间，我要返工维修这些次品，要不然这些次品怎么办？"

问题：1. 请问该班组长犯了哪些错误？

2. 该班组长的使命和基本任务是什么？

（二）课程测试题

为了加强学员的学习效果，及时了解学员的学习情况，我们可以对其进行测试。测试题范例如下。

1. 请谈谈你对管理的理解？
2. 对一个企业来说，管理的作用具体体现在哪些方面？
3. 班组管理的内容包括哪些方面？
4. 企业为什么需要班组长？班组长的基本任务有哪些？
5. 班组长在企业管理层中扮演怎样的角色？

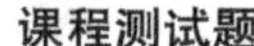

课程测试题

二、“班组团队的建设”培训课程设计

方案名称	某公司“班组团队的建设”培训课程设计方案	编号	

一、课程名称

班组团队的建设。

二、课程目标

1. 能够描述出高绩效团队的特点。
2. 能够熟练运用团队沟通技巧。
3. 能够掌握处理冲突的各种策略，并能够在实际工作中灵活运用。

三、课程时间

本课程的总时长为5个小时。

四、课程内容

本课程的单元构成及内容如下表所示。

课程单元构成及内容

单元	构成	内容
第一单元	团队概述	1. 明确团队与群体的区别 2. 明确高绩效团队的特点 3. 明确团队的类型
第二单元	如何构建团队	1. 团队建设的策略 2. 团队建设的各个阶段
第三单元	如何培养团队精神	1. 提升团队的凝聚力 2. 培养团队的合作意识 3. 鼓舞团队的士气
第四单元	如何进行团队沟通	1. 团队沟通的作用 2. 有效沟通的原则 3. 有效沟通的技巧
第五单元	如何处理团队冲突	1. 什么是团队冲突 2. 产生团队冲突的根源 3. 处理团队冲突的五种策略

五、授课方式

本课程采用“讲解＋案例分析＋游戏”的授课方式。

（续）

六、课程设计素材

（一）课程开篇游戏

培训讲师在开始授课之前，可以下面的游戏为开篇，这样不仅能够调动受训员工的积极性，还能说明团队的绩效要高于个体的绩效。

培训讲师读一段情景，然后要求学员完成前两个步骤的练习，每个步骤都有时间限制，具体的游戏规则如下图所示。

游戏规则

情景：某店主刚关上店里的灯，一名男子来到店里索要钱款，于是店主打开了收银机，并将收银机内的东西倒了出来。那名男子带着所有钱款逃走后，一名警察才接到了报案。

游戏步骤：

第1步，独立完成右边十个判断题，在纸上写Y（正确）、N（错误）或DK（不确定），时间不要超过两分钟。

第2步，与团队一起完成这十道判断题，并在纸上写Y（正确）、N（错误）或DK（不确定），时间不要超过十分钟。

第3步，完成上述步骤后，对照答案，计算独立完成时答对的题目数量和团队答对的题目数量。

判断题

判断题

1. 店主将店里的灯关掉后，一男子来到店里。
2. 抢劫者是一名男子。
3. 来的那名男子没有索要钱款。
4. 打开收银机的人是店主。
5. 店主倒出收银机中的东西后逃离。
6. 故事中提到了收银机，但没说里面具体有多少钱。
7. 抢劫者向店主索要钱款。
8. 索要钱款的男子倒出收银机中的东西后，急忙离开。
9. 抢劫者打开了收银机。
10. 抢劫者在逃跑时遇到了警察。

游戏规则说明图

（二）课程测试题

为了加强学员的学习效果，并了解学员的学习情况，我们可以对其进行测试，测试题如下。

1. 团队与群体有什么不同？
2. 高绩效团队具备哪些特点？
3. 团队有哪三种类型？
4. 简述团队建设的四个阶段？
5. 如何培养团队精神？
6. 有效沟通的原则有哪些？
7. 简述冲突的三种观点和五种策略？

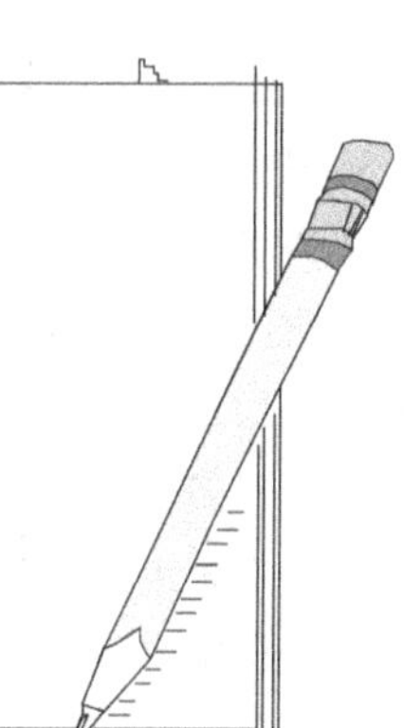

课程测试题

三、"如何当好班组长"培训课程设计

为新任生产班组长设计"如何当好班组长"这门课程的主要目的是强化新任生产班组长的综合素质，提高其主动管理的意识，理清其工作思路，解决其工作中遇到的各种疑难问题。

方案名称	某公司"如何当好班组长"培训课程设计方案	编号	

一、课程名称

如何当好班组长。

二、课程目标

1. 能够描述班组长的职责和角色定位。
2. 掌握生产管理的各种知识。
3. 在工作中能够灵活运用所学的生产管理知识及技巧。

三、课程时间

本课程总时长为 8 个小时。

四、课程内容

本课程的单元构成及内容如下表所示。

课程单元构成及内容

单元构成	内容	单元	内容
第一单元 班组长 角色定位	1. 班组长定义及其特点（兵头将尾与金字塔） 2. 班组长如何避免角色错位 3. 班组长必备的三大能力 4. 班组长的职责和作用 5. 班组长肩负的重要使命 6. 班组长如何树立自己的威信 7. 怎样做一名合格的班组长 8. 普通班组长与优秀班组长之间的区别	第二单元 打造一流班组长的 职业理念	1. 工作能完成 100%，绝不只完成 99% 2. 班组长必须修炼的十大职业操守 3. 服从上司，服从是一种美德 4. 提高团队服从力，维护上级的权威 5. 敢于承担责任，正确对待问题 6. 勤奋比黄金更珍贵 7. 责任可以让你变得坚不可摧 8. 成功的关键是情商还是智商 9. 危机意识与惯性衍变

（续）

单元	内容	单元	内容
第三单元 车间班组 现场管理	1. 1%的细节失误 = 100%的失败 2. 现场管理的含义、对象和范围 3. 车间现场优化的十大标志 4. 如何在车间开展区域规划和定置管理 5. 成功推行5S要领和有效技巧 6. 如何做好车间班组安全管理工作 7. 如何在现场推进全员生产维修（TPM）活动	第四单元 班组长日常 管理	1. 如何制订周、日生产计划 2. 流水线管理技巧与平衡工时的技巧 3. 提高生产线效率的案例分析 4. 按5M1E方法确认班前准备工作 5. 如何做好班中监督和纪律管理工作 6. 如何做好设备仪器的日常点检、维护工作 7. 如何处理插单、急单、紧急订单的变更
第五单元 班组人员 管理	1. 班组长如何树立自己的威信 2. 班组长如何挖掘员工的潜能 3. 批评和表扬下属员工的技巧 4. 如何与上级、下级和平级进行沟通 5. 开会与布置工作任务的技巧 6. 班组长的哪些工作可以授权、哪些不可以授权 7. 如何处置跟你唱对台戏的员工 8. 如何批评性格暴躁的员工 9. 如何引导性格孤僻的员工 10. 如何处置总找借口搪塞的员工	第六单元 班组材料及 成本管理	1. 分析车间现场的七种典型浪费事件 2. 如何对物料实施ABC分类管理 3. 车间现场物料、呆滞料、废料管理 4. 如何正确地处理车间过剩余料 5. 如何处理现场的不良物料 6. 如何配合财务部做好现场在制物料的盘点工作 7. 如何通过控制备品、备料和备件来减少浪费 8. 车间成本控制的四大方向（物耗、劳动工时、能耗、其他浪费） 9. 如何强化员工的成本意识 10. 如何防止员工虚报加班的情况

（续）

五、授课方式

本课程采用“讲解 + 案例分析 + 互动研讨 + 问题答疑 + 深度观察 + 情景对话”的授课方式。

六、课程设计素材

（一）经典格言（可用于开场）

1. 没有不好的士兵，只有不好的将军。

2. 一只狮子带领一群绵羊的团队可以战胜一只绵羊带领一群狮子的团队。

（二）培训故事：钓鱼的故事

钓鱼的故事主要描述的是“你的成功来自于员工的成长”。

钓鱼的故事

两位钓鱼高手一起到鱼池垂钓。

这两个人各凭自身本事一展身手，过了不久，都有很大收获。

忽然间，鱼池附近来了十多名游客。游客看到这两位钓鱼高手轻轻松松就把鱼钓了上来，不免有几分羡慕，于是都到附近去买了一些钓鱼竿来试试运气。

没想到，这些游客怎么钓都钓不到。

这两位钓鱼高手的性格截然不同。其中一人性格孤僻，另一位钓鱼高手却是个热心、豪爽、爱交朋友的人。

爱交朋友的这位钓鱼高手看到游客钓不到鱼，就说：“这样吧，我来教你们钓鱼，如果你们学会了我传授的诀窍而钓到鱼时，每钓十条鱼分给我一条，钓不到十条就不必给我。”双方一拍即合。

教完这一群游客，他又到另一群游客中，同样传授钓鱼的技术，依然要求每钓十条送他一条。一天下来，这位热心的钓鱼高手把所有的时间都用于指导垂钓者，最后获得的竟是满满一筐鱼，还认识了一大群新朋友。

另一位钓鱼高手却没有享受到这种服务别人的乐趣。当大家围绕他的同伴钓鱼时，他显得更加孤单落寞，而且竹篓里的鱼也远没有同伴的多。

第九章

新任部门主管培训设计

第一节 新任部门主管培训需求分析

一、进行组织层面分析

新任部门主管培训需求的组织分析主要是从企业组织的角度出发，分析新任部门主管在组织这一层面所应了解的内容。一般来说，与企业相关的新任部门主管培训需求分析可以从以下四个方面展开。

（1）企业概况以及发展战略目标。

（2）企业规章制度以及薪酬体系。

（3）企业商务礼仪及技巧。

（4）新任部门主管的培训是否与企业的发展需要相符。

二、进行职务层面分析

（一）工作要求及职责

根据部门主管的岗位说明书，分析新工作对新任部门主管的知识和技能要求以及具体的职责，从而有针对性地确定培训的具体内容。

（二）工作流程

新任部门主管应如何开展工作？要和企业内部哪些人员、部门以及外界进行沟通、协调和合作？各部门是如何分工的？

从工作流程的角度，我们可以明确新任部门主管“在如何开展工作上”所需要了解的内容，从而有针对性地设置培训课程。

三、进行个人层面分析

新任部门主管培训需求的个人层面分析主要从以下三方面入手。

（一）外部招聘者

这类新任部门主管指的是那些从另一家企业进入本企业、已拥有较长工作经验的新员工。对于这些新任部门主管来说，他们需要实现从一种企业文化进入到另一种企业文化的转变。

本企业的企业文化、经营理念等内容将会影响这类新任部门主管在未来工作中的动机、态度及业绩等。因此，企业对这类新任部门主管的培训重点应放在让他们迅速融入到新企业的文化和工作环境中。

（二）调岗者

这类新任部门主管已经在本企业中工作，虽然不用向其介绍企业文化和规章制度，但进行新职位的岗位要求、企业期望达到的绩效水平、对新团队的认识和融入以及新的管理技能方面的培训还是非常必要的。

（三）晋升者

晋升者除了需要接受与调岗者同样的培训外，还需要接受岗位技能、管理技能、领导艺术与交际能力等方面的培训。

第二节　新任部门主管培训课程体系

一、确定新任部门主管培训课程内容

针对新任部门主管培训，除了从上述三个方面进行培训需求分析以外，还应该根据新任部门主管的特征设计具有针对性的培训课程。

新任部门主管的特征如图 9-1 所示。

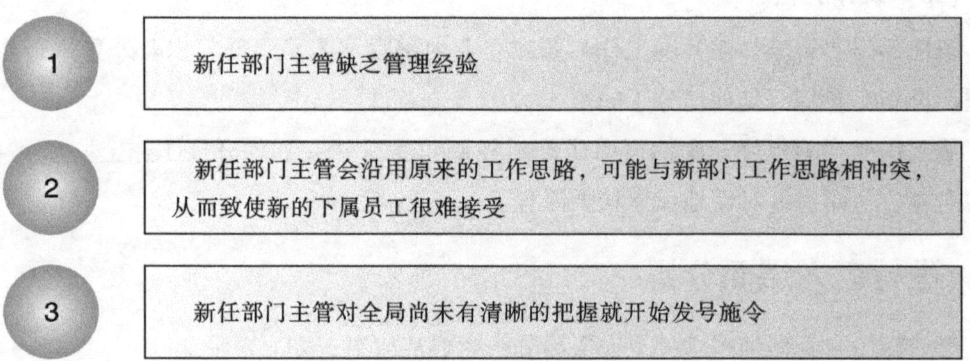

图 9-1　新任部门主管的特征

根据企业的培训要求，并在对新任部门主管培训需求及其特征进行分析的基础上，确定新任部门主管的培训内容，具体如图 9-2 所示。

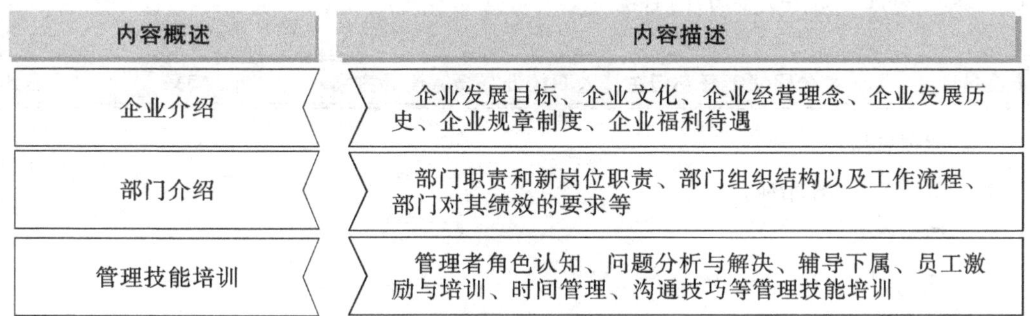

内容概述	内容描述
企业介绍	企业发展目标、企业文化、企业经营理念、企业发展历史、企业规章制度、企业福利待遇
部门介绍	部门职责和新岗位职责、部门组织结构以及工作流程、部门对其绩效的要求等
管理技能培训	管理者角色认知、问题分析与解决、辅导下属、员工激励与培训、时间管理、沟通技巧等管理技能培训

图 9-2　新任部门主管培训内容

二、构建新任部门主管培训课程体系

根据本企业所处行业的特点、部门特点以及培训需求分析，构建适合本企业的新任部门主管培训课程体系。

图 9-3 是某公司针对新任部门主管设计的培训课程体系。

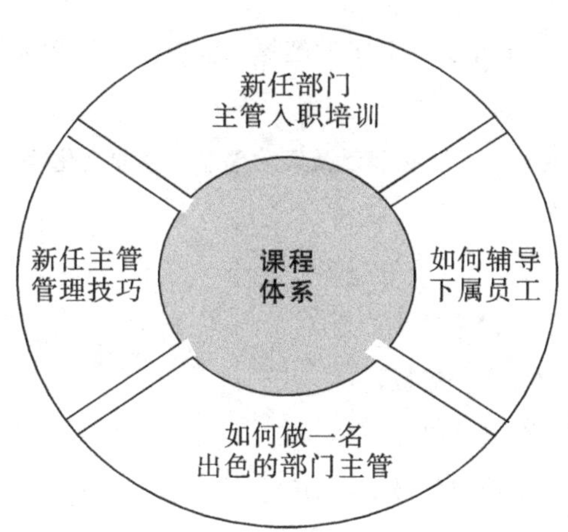

图 9-3　某公司新任部门主管培训课程体系

第三节　新任部门主管培训课程设计

一、“主管入职培训”课程设计

对于新任部门主管的培训，首先是“入职培训”，以让其全面了解、认识企业，减少陌生感，增加亲切感和使命感。入职培训课程包括企业简介、新岗位职责说明、基本礼仪以及针对性培训四方面的内容。

方案名称	某公司“新任部门主管入职培训”课程设计方案	编号	

一、课程名称

新任部门主管入职培训。

二、课程目标

1. 了解公司的发展背景。

2. 能够列举公司所经营的产品以及竞争对手。

3. 能够复述部门主管的主要工作内容。

三、课程时间

本课程总时长为4个小时。

四、课程内容

本课程从四个方面对新进员工进行入职培训，让其在短时间内快速进入角色、融入企业，从“局外人”转变成为“企业人”。

（一）企业简介

企业简介既包括有形的工作环境、工作设施等，也包括无形的公司创业过程、经营理念等内容。

本部分主要介绍公司的业务、行业状况以及经营理念与企业文化等，一般由公司总裁或副总裁对其进行培训。

1. 企业概况

（1）业务范围、工作场所与设施。

（2）经营的产品、服务以及工作流程。

（3）组织结构以及各部门的功能设置。

（4）薪酬福利政策、培训制度以及员工守则等。

2. 环境分析

（1）企业的客户和市场竞争状况。

（2）企业的创业历史、现状以及在行业中的地位、企业前景规划。

3. 企业文化

（1）企业的价值观和经营理念。

（2）企业发展的愿景、使命。

（3）市场和客户的服务理念。

（二）新任部门主管的岗位要求

本部分主要讲述新任部门主管的岗位要求，一般由人力资源部进行讲解。

（续）

1. 岗位说明

（1）明确岗位说明书上的有关条款。

（2）财务报销流程以及手续办理程序。

（3）说明绩效考核、晋升、加薪等规定。

（4）回答新任部门主管提出的疑问。

2. 职业必备

（1）同事的联络方式。

（2）上级的管理风格。

（3）下属人员的特点。

（4）必要的保密要求以及企业所处行业中的一些专业术语。

（三）基本礼仪及相关规定

本部分一般由人力资源部对其进行培训。

1. 公务礼仪、行为规范、保密规定、职业操守。

2. 劳动合同、福利与社会保险等。

3. 公司安全和卫生规定。

（四）针对性培训

本部分主要是针对新任部门主管的工作进行的专业培训，一般由新任部门主管的直接上级对其进行培训。

1. 熟悉工作场所、办公设施设备。

2. 熟悉内部人员。内部人员指的是本部门的上级、下级和同级；其他部门的负责人、主要合作的同事。

3. 了解业务、流程、职责、权限，包括客户、产品、市场、行业、对外联络方式。

4. 参观生产车间、仓库、研发实验室等。

五、授课方式

本课程采用“讲解＋答疑＋实地参观”的授课方式。

二、“辅导下属员工”培训课程设计

新任部门主管虽然具有良好的专业技能，但是他们缺乏一定的管理技能，尤其是从内部提升的新任部门主管，其下属一般是原来的老同事，因此对其进行培训时，应设计“如何辅导下属员工”这门课程。

方案名称	某公司“如何辅导下属员工”培训课程设计方案	编号	

一、课程名称

如何辅导下属员工。

二、课程目标

1. 能够掌握新任部门主管用人、育人的新原则。

2. 在实际工作中能够熟练运用上下级之间的沟通技巧。

三、课程时间

本课程总时长为4个小时。

四、课程内容

本课程的单元构成及内容如下表所示。

课程单元构成及内容

单元	构成	内容	授课方式
第一单元	领导的新挑战	1. 领导下属员工 2. 领导风格对企业的影响	讲解
第二单元	实施工作辅导	1. 做老板还是教练 2. 教练的职责与实务 3. 绩效不佳的要素分析 4. 辅导下属的技巧 5. 高绩效辅导	讲解+角色扮演+案例分析
第三单元	培养你的下属	1. 培训下属的行为准则 2. 分析下属的类型 3. 指导的表达技巧 4. 训练教导实战演练 5. 阶段性培养下属的方法	讲解+角色扮演+案例分析

五、课程设计素材

（一）培训故事一：朋友很多，源于称赞

1. 问题导向

（1）新任部门主管如何对员工进行言传身教？

（2）新任部门主管如何教员工学会赞美？

2. 故事内容

故事内容如下。

（续）

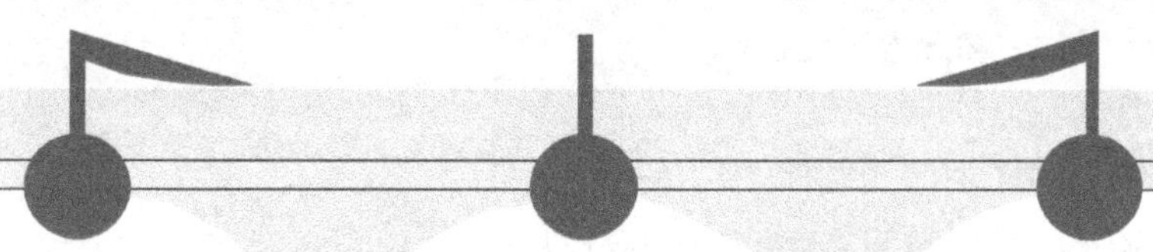

朋友很多，源于称赞

圣诞节前夕，美国芝加哥的帕克里奇小镇到处洋溢着节日气氛。中学生谢丽拿着一叠圣诞贺卡，想在同学们面前炫耀一番，可谁知道她的同学希拉里却拿出了比她多十倍的圣诞贺卡。

“你怎么会有这么多朋友?”谢丽惊呼道。

希拉里没有直接回答，而且给她讲了一个故事。

一天中午，我和爸爸在公园里散步。我发现一个长得很滑稽的老太太，就拽了一下爸爸的胳膊说：“爸爸，您看那位老太太长得多可笑呀。”

爸爸神情严肃地对我说：“希拉里，我发现你缺少一种本领，你不会欣赏别人。这说明你在与别人的交往中少了一份真诚与友善。那位老太太虽然长得不是很好看，但她注视周围的目光是那么亲切。我觉得这老太太的神情令人感动!”

说罢，爸爸领我走到老太太的面前微笑着说：“夫人，您欣赏景色时的神情真令人感动，您使周围的景色变得更美好了!”

老太太十分激动地说：“谢谢你，先生，你的孩子真漂亮。”

事后，爸爸对我说：“一定要学会真诚地赞美别人，因为每个人都有值得我们欣赏的优点。当你这样做了，你就会获得更多的朋友。”

3. 思考导向

（1）在教导下属员工时，新任部门主管应将“言传”和“身教”相结合，不仅要说给他们听，更要做给他们看。

（2）赞美是与人沟通时打开融洽大门的钥匙。新任部门主管不仅要自己会赞美，更要教员工学会赞美。

（续）

（二）培训故事二：委婉指导很温暖

1. 问题导向

（1）新任部门主管怎样才能提升与员工的沟通效果？

（2）新任部门主管如何认识沟通方法的重要性？

2. 故事内容

故事内容如下。

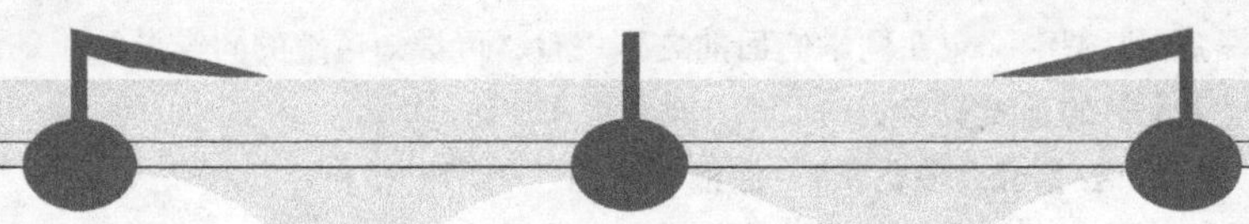

委婉指导很温暖

年轻时，我曾经在一家快餐店打工。

一天，我错把一小包糖当作咖啡给了一位女顾客。她非常恼火，因为她当时正在减肥，必须禁食糖和一切小点心。

她大声嚷嚷着，简直把那包糖当成了毒药。

那时，我完全不懂减肥对女人有多么重要。我愣在那里，不知所措。

这时，经理闻声而来，他在我耳边轻轻地说："如果我是你，就马上道歉，把她要的东西给她，并且把钱退还给她。"

我照做了，并再三道歉，随后，我等着经理来批评我。

可是，经理后来跟我说："如果我是你，下班后我会把这些相关物品认真地熟悉一下，这样以后就不会拿错了。"

不知怎么，这一句"如果我是你"令我十分感动。一句委婉的"如果我是你，我会这样做……"使我不会感到难堪和沮丧，反而让我感到相当温暖。

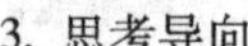

3. 思考导向

（1）管理者如果可以站在员工的立场，充分考虑员工的心理感受，那么将会大大增强沟通指导的效果。

（2）沟通的方法不同，其效果也将截然不同。因此，管理者与员工沟通时一定要讲究方法，努力追求最佳的沟通效果。

三、"新任部门主管管理技巧"培训课程设计

很多新任部门主管是从生产一线提拔上来的，还没有完成从员工到主管的角色调整与转换。这类新任部门主管虽然拥有专业的技能，但缺乏管理方面的知识，他们不知道该如何授权下属做事。基于上述情况，对于新任部门主管的培训，我们有针对性地设计了"新任部门主管管理技巧"培训课程。

<table>
<tr><th>方案名称</th><th>某公司"新任部门主管管理技巧"培训课程设计方案</th><th>编号</th><th></th></tr>
<tr><td colspan="4">
一、课程名称
新任部门主管管理技巧。
二、课程目标
1. 增进新任部门主管的管理意识。
2. 能够描述自身的职责以及特殊使命。
3. 能够熟练描述提高合作的方法和技巧。
4. 能够列举重要的激励与自我激励的方法。
三、课程时间
本课程总课时为 8 个小时。
四、课程内容
本课程共分为四个单元，主要讲述新任部门主管的管理技巧。
（一）管理人员的工作职责
培训方式：讲解 + 案例分析 + 小组讨论。
本单元学习目标：通过讨论学员在日常管理工作中遇到的问题，得出管理的基本概念，帮助学员认清自己的工作职责，增进自己的人际沟通和解决问题的技能，把握工作的重点，做好本职工作。
本单元学习内容如下。
1. 管理的定义。
2. 管理者和操作者的区别。
3. 管理者的角色定位。
4. 部门主管的工作职责及基本要求。
（二）管理人员的特殊使命
培训方式：游戏 + 讲课 + 案例分析 + 小组讨论 + 自我测试。
1. 本单元学习目标如下。
（1）帮助学员认清自己的处境，使其了解想象中的管理和实际中的管理是有差异的。
（2）认清自己的特殊使命，了解处理个体之间冲突的不同方式，学习如何通过沟通来实现合作的方式。
</td></tr>
</table>

（续）

（3）把握与下属建立积极工作关系的分寸。

2. 本单元主要内容如下。

（1）管理人员的两项特殊使命。

（2）处理个体之间冲突的方式。

（3）如何关心下属。

3. 本单元采用游戏和自我测试的授课方式。

（1）自我测试。

通过下面的自我测试，能够知道自己是如何处理冲突的？具体的测试题如下。

处理冲突测试题

1. 你刚刚找了个理由告诉来借车的亲戚朋友，车不能借给他，因为他已经把汽车刮花好几次了，但是你的妻子（丈夫）却未经你的同意就答应了。

A. 保持沉默，由他去吧

B. 在对方出门之前把汽车钥匙要回来，并用凶狠的眼神偷偷看着你的妻子（丈夫）

C. 默许他们的做法，并试图说服自己他们的做法是对的

D. 不太在意，但是开始思考以后遇到类似情况该怎么办

E. 把钥匙扔给他

2. 在一次会议上，你慷慨激昂地讲出了你的意见和计划，领导却说以后再说。

A. 马上闭嘴，并在会议剩下的时间里保持沉默

B. 坚持重复你的观点："我们总是太谨慎，按部就班，这次我们应该拿出点魄力和激情，干吧"

C. 承认自己太过冲动，并努力听取别人的意见，慢慢去接受它们

D. 先保持沉默，等会议结束后，再私下找领导详细讨论

E. 表露出不高兴的神色，没有心思听余下的会议内容

3. 你听到一个同事在散布有关你收入状况的虚假消息。

A. 忽略这件事，就好像在听一个普通的笑话

B. 迎击这种谣言，如果不起效果，就编造一个有关他的谣言

C. 寻找一种更为友好的方式，尽量压抑自己的怒火

D. 不去公开去指责他，在不损害同事之间的关系的情况下做出解释

E. 走到他面前，挥动自己的拳头，告诉他赶紧闭嘴

4. 你在和好朋友的约会中迟到了，这位朋友偏偏最讨厌迟到，还非常自私。他已经开始发脾气质问你了，你该怎么回答？

A. "哦，你今天穿的鞋子好漂亮啊"

B. "我？你在跟谁说话"

（续）

C. “冷静，请耐心一点儿”

D. “以后我们想一个更好的见面方式或者地点，这样我们两个都比较方便”

E. “你不是也经常迟到吗？你凭什么生我的气。”

5. 当某人对你表现出敌意，你通常会怎么处理？

A. 尽量控制局面，不要引起不必要的争端，哪怕不知道对方为什么生气

B. 创造一种强势局面，武装好自己，严阵以待

C. 向对方表示屈服、让步，不给对方留下粗鲁的印象

D. 找到一种大家都满意的解决方法

E. 直接问他想怎么样，到最后很可能会失去耐心，开始发火

在上述问题中，你的答案出现最多的编号就代表你的性格和你面对冲突时的态度。

A. 避免型

当有人对你说：“我们现在遇到麻烦了，赶快迎击。”你会表示反感。因为你是一个讲究策略的人，懂得保持沉默，绝不轻易表露自己。然而这样长期下去，可能会造成彼此积怨太深，不能很快地解决和决定问题。

B. 口角型

当有人对你说：“你就不能冷静一点儿吗？”你的神经就会绷紧了。你属于进攻的类型，不太能够容忍一时间不能决定的事情。

C. 随和型

你不太喜欢别人说：“坚持你自己的信条，为你想要的而战斗吧。”你想要和平，不喜欢争执，为此你可以付出一切代价。这样你可能很难找到自信，且没有自己的观点，只会人云亦云。

D. 否定型

对于你来说，你讨厌有人说：“不要这样说，否则我们很难再保持长久的友谊了。”你常感到受挫，因为你不喜欢争吵，你深信一切问题、分歧都能通过理性的讨论来解决。

E. 爆发型

当别人说：“小点声”或者“冷静一点”时，你一定已经怒不可遏了，而且这种情况常常发生。你需要更好地控制你的情绪，你太容易激动了。

（2）游戏（略）。

（三）基本督导技巧

1. 培训方式：放录像 + 讲课 + 角色扮演 + 小组讨论。

2. 本单元学习目标：通过本单元的学习，帮助学员掌握基本的督导技巧。

3. 本单元学习内容如下：

（1）一定要有计划；

（2）如何给他人分配工作；

（续）

（3）提高沟通的技巧；

（4）批评下属的技巧；

（5）如何调动下属的积极性。

4. 角色扮演：如何分配工作。

5. 放录像：新任部门主管工作的一天。

（四）如何激励下属员工

1. 培训方式：讲课 + 故事 + 小组讨论 + 练习 + 自我测试 + 互动游戏。

2. 本单元学习目标：通过本单元的学习，使学员掌握激励下属常用的一些方法。

3. 本单元学习内容如下：

（1）如何发现下属的激励需求；

（2）激励原则及激励下属的方法；

（3）如何发挥物质激励的最大效用；

（4）如何用精神激励法激励下属。

4. 培训故事：自我奖赏。

我听过这么一段感人的故事：有位著名作家，童年时家境贫寒，只能以卖豆腐维持生计。每天早上天尚未亮，他便与弟弟起身工作，沿街叫卖。他告诉弟弟："我们把卖豆腐所赚的钱，拿回家给母亲，以维持家人的生活。我们给自己的奖励是你我共享一块豆腐，你一半，我一半。"

故事启示：那块共享的豆腐是他们劳动后换来的，是生命中愉悦的奖赏。生命必须付出代价，要劳苦，要历练，这样才能享受成果。适当的奖励，使得一切的劳动及付出获得了肯定。然而，奖励不一定要由别人来给，自我奖赏其实也是一种激励手段，激励自己"百尺竿头，更进一步"。

四、"如何做一名出色的部门主管"培训课程设计

如何做一名出色的主管，是企业针对新任部门主管进行培训时必不可少的一门培训课程。只有了解了工作要求，新任部门主管才有努力的方向。

方案名称	某公司"如何做一名出色的部门主管"培训课程设计方案	编号	

一、课程名称

如何做一名出色的部门主管。

二、课程目标

1. 能够描述新时代部门主管面临的挑战。

2. 能够列举三种以上新型的管理方式。

3. 在实际工作中，能够熟练运用各种管理技巧。

（续）

三、课程时间

本课程总课时为 8 个小时。

四、课程内容

本课程的单元构成及主要内容如下表所示。

课程单元构成及内容表

单元	构成	内容	授课方式
第一单元	困惑与挑战	1. 新任主管常犯的六种错误 2. 新时代部门主管面临的挑战 3. 适应工作环境的变化 4. 新型管理方式的概述	面授
第二单元	如何建立 高绩效团队	1. 团队的力量来源 2. 高绩效团队的特征 3. 如何构建高绩效团队 4. 掌握带动团队氛围的技能 5. 建立以团队为导向的部门 6. 如何营造团队环境以及培养自己的团队	面授
第三单元	团队领导的 角色认知	1. 管理层对部门主管的期望 2. 员工对部门主管的期望 3. 部门主管的基本工作 4. 部门主管的六种角色（规划者、运营者、沟通者、团队领袖、教练员、团队中的骨干成员）	面授
第四单元	各种管理技巧	1. 下达命令的技巧 2. 压力管理技巧 3. 沟通技巧（批评和赞扬） 4. 授权技巧 5. 冲突管理技巧 6. 组织、计划、控制管理 7. 辅导与激励团队成员 8. 评估团队发展和管理者自我发展	网络课程

五、课程设计素材

有关团队建设的故事如下。

人才是企业成功的关键。将合适的人用在合适的地方，组建一支高绩效的团队，会给管理者带来超乎意料的收获。在设计第二单元时，可以引用“狮子安排很全面”的小寓言来说明构建团队的重要性。

（续）

1. 寓言导向

（1）管理者如何为团队成员分配任务与定位角色？

（2）管理者应如何对待团队内部的“无用之人”？

2. 寓言内容

寓言内容如下。

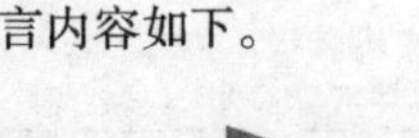

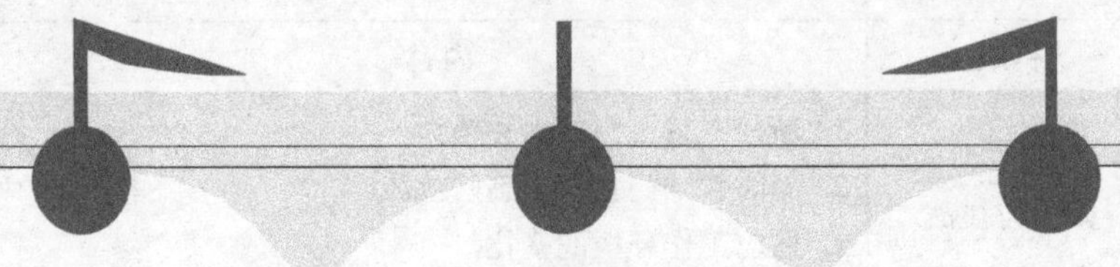

狮子安排很全面

有一次，身为国王的狮子决定要征战邻国。于是，它召集了所有臣民来商讨作战计划。

狮子提出的计划很周密：它安排大象做了部队军需官，负责运输；熊是冲锋陷阵的猛将；狐狸和猴子则充分发挥其机智灵活的长处，在出谋划策和提供情报方面都承担了重要的角色；对其他动物也一一做了安排。

“驴子笨，兔子胆小，让它们回去算了。”有大臣建议。

“不！”兽王狮子说，“我可不能少了它们，驴子嗓门高，可以给我们担任号手；兔子跑得快，可以替我们传递消息。”

果然，在这次战斗中每个动物都充分发挥了自己的优势，包括驴子和兔子。狮子和它的臣民为此打了一个漂亮的胜仗。

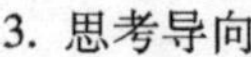

3. 思考导向

（1）组建团队时，管理者只有根据成员各自的特点为其分配任务与定位角色，才能有效激发他们的工作热情，并使团队内部人尽其才、才尽其用。

（2）团队内部没有无用之人，只有不善于用人的管理者。因此，管理者不要忽视团队中的任何人，而应努力为他们提供发挥各自特长的空间，从而使所有团队成员劲往一处使，拧成一股绳。

第十章

新任部门经理培训设计

第一节 新任部门经理培训需求分析

一、进行组织层面分析

由于新任部门经理不了解企业的概况、文化、愿景、使命、经营方式等，有可能导致机会成本的浪费，为了将该成本控制在最小限度，我们有必要进行组织层面分析。如果企业不组织新任部门经理进行相关培训，新任部门经理可能要花费更多的时间和精力来掌握这些知识。为了使新任部门经理迅速适应新的工作环境，必须进行上述相关内容的培训。

二、进行工作层面分析

进行工作层面分析是让新任部门经理了解有关职务的详细内容及岗位任职资格条件，其结果也是设计和编制培训课程的重要资料来源之一。

针对新任部门经理培训，我们可以参考以往部门经理的培训内容以及培训效果，也可以通过重点访谈，了解新任部门经理的培训需求。表 10-1 是针对新任部门经理设计的面谈表，用于收集培训需求信息。

表 10-1 新任部门经理面谈表

<table>
<tr><td>新任部门经理姓名</td><td></td><td>任职部门</td><td></td></tr>
<tr><td>面谈人姓名</td><td></td><td>面谈人职位</td><td></td></tr>
<tr><td>面谈日期</td><td>____年__月__日</td><td>面谈时间</td><td></td></tr>
<tr><td colspan="2">面谈内容（外部招聘）</td><td colspan="2">面谈记录</td></tr>
<tr><td colspan="2">1. 请谈谈你对公司发展战略及目标的了解</td><td colspan="2"></td></tr>
<tr><td colspan="2">2. 请谈谈你在原公司工作时面临的困扰和问题</td><td colspan="2"></td></tr>
<tr><td colspan="2">3. 请简要谈谈你在原公司的工作业绩</td><td colspan="2"></td></tr>
<tr><td colspan="2">4. 你觉得在过去的工作中还有哪些方面需要改进</td><td colspan="2"></td></tr>
<tr><td colspan="2">5. 请谈谈你在工作中最喜欢和最不喜欢的部分</td><td colspan="2"></td></tr>
<tr><td colspan="2">6. 你认为对自己的成长及业绩有利的因素有哪些</td><td colspan="2"></td></tr>
<tr><td colspan="2" rowspan="2">7. 在未来的半年内，你期望达成哪些目标</td><td colspan="2">（本职工作领域内）</td></tr>
<tr><td colspan="2">（本职工作以外的领域）</td></tr>
<tr><td colspan="2">8. 你希望公司增加哪些方面的培训课程</td><td colspan="2"></td></tr>
</table>

（续表）

面谈内容（内部晋升）	面谈记录
1. 请谈谈来公司后你所担任的职务	
2. 简要谈谈你来公司后所做出的业绩	
3. 你认为日常工作中还有哪些方面需要改进	
4. 请谈谈你认为部门经理需要具备什么样的能力	
5. 你觉得对自己的成长及业绩有利的因素有哪些	
6. 在未来半年内，你期望达成哪些目标	（本职工作领域内）
	（本职工作以外的领域）
7. 你希望培训部在哪些方面增加一些有针对性的培训	

三、进行个人层面分析

（一）新任部门经理特点分析

新任部门经理特点分析的重点是了解新任部门经理的年龄、家庭情况、价值取向、工作习惯、沟通能力、自我管理能力等，我们应以此为依据并结合公司的企业文化，对新任部门经理进行职业化训练，帮助其清晰自己的职业发展、树立正确的职业态度，从而提升其在今后工作中的积极性、协作性。

（二）新任部门经理能力分析

对新任部门经理能力的培训需求分析，一方面可以通过面谈的方式获得相关培训需求信息；另一方面可以以问卷调查表的方式来获取部分信息，确定其培训需求。表10-2是对新任部门经理进行培训需求调查时设计的部分调查内容。

表10-2　新任部门经理培训需求调查表

请您根据自己的实际情况评分："5分"表示工作能力杰出；"4分"表示工作能力良好；"3分"表示达到工作要求的标准；"2分"表示工作能力较差需要改善；"1分"表示工作能力很差。

拟参训者		填表日期		____年__月__日		
计划能力	5分	4分	3分	2分	1分	特殊说明
1. 制定明确的工作目标和方针						
2. 及时掌握并运用新观点						
3. 以科学有效的方式收集、整理资讯						
4. 分析资料、提出建议、拟定实施方案						

（续表）

组织能力	5分	4分	3分	2分	1分	特殊说明
1. 分解、实现工作目标						
2. 分析并决定职务内容						
3. 甄选下属人员并授权						
4. 设置组织机构，制作组织图表						
指导与协调能力	5分	4分	3分	2分	1分	特殊说明
1. 公文写作的能力						
2. 主持会议的能力						
3. 被同事所接受和认可						
4. 帮助下属制定工作标准						
5. 与下属随时保持沟通						
6. 定时向上级报告工作进度						
7. 口头指示及书面指示能力						
8. 通过他人完成工作任务						
9. 辅导下属，使其快速进入工作角色						
10. 训练及发展下属的能力，为企业培养后备人才						
控制能力	5分	4分	3分	2分	1分	特殊说明
1. 成本控制和管理						
2. 全面质量管理（TQM）						
3. 掌握业务的运作过程						
4. 制定执行的客观标准和规范						
5. 严格按照实施标准执行，及时向上级反馈执行情况						
其他说明						

第二节　新任部门经理培训课程体系

一、确定新任部门经理培训课程内容

在培训需求分析的基础上，培训部在确定新任部门经理培训课程内容时应注意以下两个侧重点。

（1）对于从外部招聘的部门经理，应增加企业概况、企业文化、企业环境分析的相关培训内容，让其可以从宏观上加强对企业的了解，熟悉企业环境和相关制度，从而减少其因环境变化而带来的陌生感，并尽快融入到企业中，迅速开展工作。

（2）对于新晋升的部门经理，其业绩和能力已经得到认可，因此对新晋升部门经理的培训，最重要的不是管理技能，而是观念上的转变，即加强角色转换方面的培训。

不管是新晋升还是外部招聘的部门经理，其培训既包括专业知识和管理能力培训，也包括领导力提升的培训和自我管理培训。图10-1为新任部门经理培训内容汇总图。

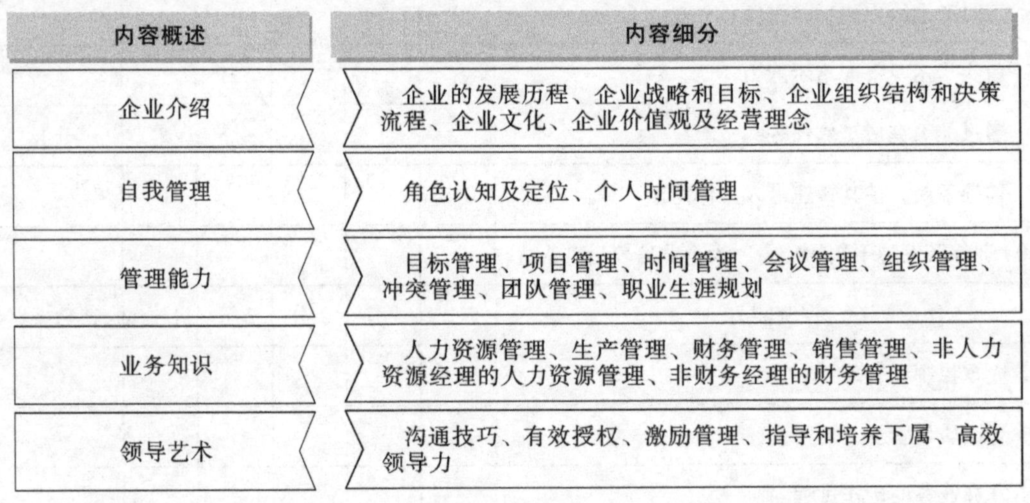

图10-1　新任部门经理培训内容汇总图

二、构建新任部门经理培训课程体系

对于企业内部晋升的新任部门经理来说，培训需要跨越的最大障碍是理解自身角色的转型，主要是态度上的转变；而外部招聘的新任部门经理培训的重点在于让其尽快融入到企业中。不管是内部晋升还是外部招聘的新任部门经理，企业应根据其个人能力的不同，设计一些有针对性的管理和专业技能方面的培训课程。

企业可根据培训需求分析以及培训内容确定新任部门经理的培训课程体系，具体的培训课程体系如图 10-2 所示。

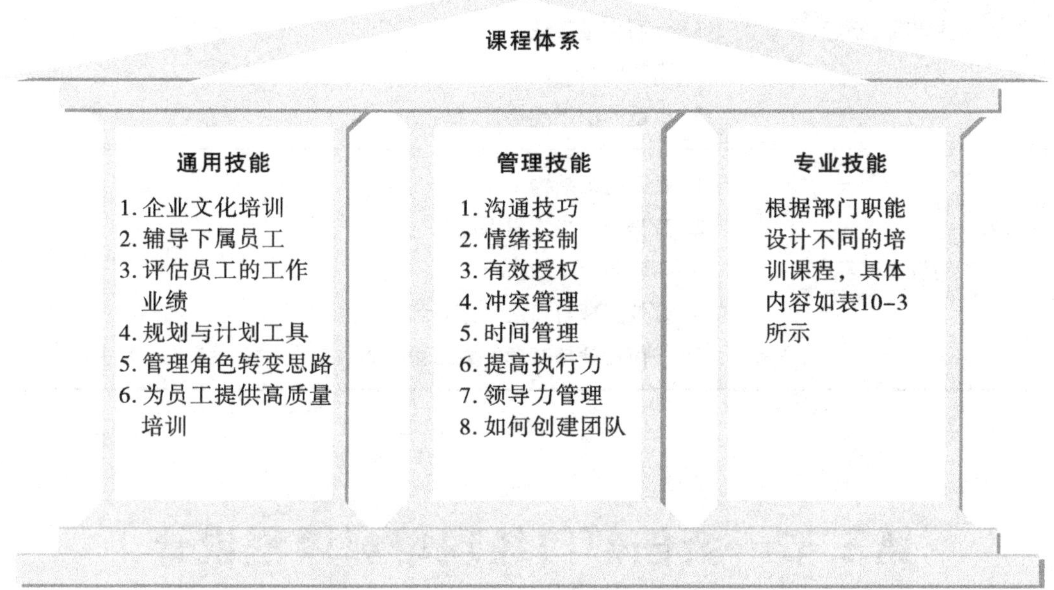

图 10-2　新任部门经理培训课程体系

表 10-3 是根据部门职能设计的不同培训课程。

表 10-3　新任部门经理专业技能培训课程一览表

新任部门经理	专业技能培训课程
销售部经理	1. 销售团队管理 2. 4P 营销策略实施 3. 市场营销环境分析 4. 如何进行市场营销调研 5. 客户满意度的塑造与管理
财务部经理	1. 风险管理 2. 纳税筹划 3. 如何进行预算控制 4. 如何控制企业成本 5. 如何阅读、分析财务报表

（续表）

新任部门经理	专业技能培训课程
生产部经理	1. 项目管理 2. 精益管理 3. 全面质量管理 4. 高效的5S管理 5. 卓越的生产现场管理
人力资源部经理	1. 企业组织结构设计 2. 流程分析与流程再造 3. 招聘与面试的技巧 4. 绩效管理与绩效目标分解 5. 如何设计具有竞争力的薪酬体系

第三节　新任部门经理培训课程设计

一、“提高执行力”培训课程设计

执行力对于个人来说，就是把事情做成功的能力；对于企业来说，则是将长期战略一步步落到实处的能力。因此，不管是个人还是企业，执行力都是成功的一个必要条件。在对新任部门经理进行管理技能的培训时，企业设计了提高执行力的培训课程，具体案例如下。

方案名称	某公司“提高执行力”培训课程设计方案	编号	
一、课程名称 提高执行力。 **二、课程目标** 1. 复述提高执行力的方法。 2. 列举提高执行力的各种工具。 3. 在工作中应具备的领导者的七种基本行为。 **三、课程时间** 本课程总时长为12个小时。			

（续）

四、课程内容

本课程的单元构成及主要内容如下表所示。

课程单元构成及内容一览表

单元构成	主要内容	单元构成	主要内容
第一单元 什么是执行力	1. 执行力的概念 2. 执行力对管理者的作用	第三单元 执行力工具	1. 角色认知 2. 如何有效授权 3. 如何有效激励 4. 目标管理的 PDCA 循环管理工具
第二单元 提高执行力的方法	1. 制度提升执行力 2. 战略意识提升执行力 3. 行动提升执行力 4. 战术提升执行力 5. 构建执行力的文化	第四单元 执行力的保障机制	1. 领导者的七条基本行为准则 2. 建立有效的沟通渠道 （1）沟通过程中的个人和组织障碍 （2）与上下级和平级沟通的技巧

五、授课方式

本课程采用“讲解 + 游戏 + 故事 + 案例分析”的授课方式。

六、课程设计素材

培训故事：李离为何要自杀

1. 问题导向

（1）管理者如何使既定制度得到严格执行？

（2）管理者怎样才能提高下属的工作效率？

2. 故事内容

故事内容如下。

（续）

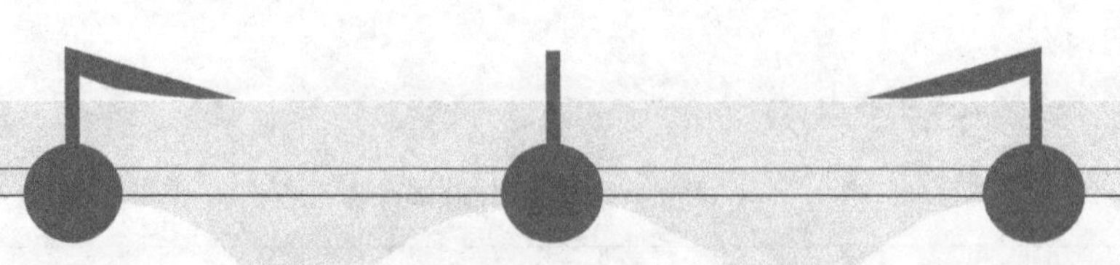

李离为何要自杀

李离是春秋时期晋国掌管刑罚的最高长官，他执法如山、刚正不阿，断案一向都是细致入微、极其认真，所以他经手的案子从无差错。

可是有一天，李离在查阅过去的案卷时，竟发现一起错判的冤案。他觉得自己犯下了不可饶恕的罪过，于是让手下将自己捆绑起来，送到晋文公那里，请求晋文公将自己处死。

晋文公对李离这种严于律己的行为十分赞赏，也被他的诚心实意所感动。晋文公不但没有怪罪他，还亲自为他解开身上的绳索。

可是李离坚持说："臣的官职最高，从没有把自己的权力让给下属；平时享受的俸禄最多，也并没有把俸禄分给下属。今天我有了过错，怎么可以把责任推给下属，现在出了冤案，我理应承担责任，还是请大王将我处死吧。"

晋文公有些不高兴了，说："你认为下属出了问题，责任在你，如果按照你的逻辑去推断，那不是连我也该有罪了吗?"

李离回答说："国家法律早有规定，判错刑者服刑，杀错人者要被杀。大王信任我，将执行国家刑罚的重任交给了我，而我却没有深入调查，明判真伪，以致造成了错杀无辜的冤案，按法律我应受到处罚，因此处死我理所当然！如果我不自觉伏法，那法律的尊严还能受到别人的尊重吗?"

说完，李离猛地从卫士手里夺过宝刀，朝自己挥去。晋文公阻拦不及，好长时间都唏嘘不已。

3. 思考导向

（1）管理者要想使既定的制度得到严格执行，就要以身作则，为下属做出榜样。

（2）要想提高下属的工作效率，管理者首先要提高自己的工作效率。

二、"管理角色转变思路"培训课程设计

企业对内部晋升的新任部门经理进行培训的重点在于让其理解角色的转变，从自我管理转变为员工管理。

方案名称	某公司“管理角色转变思路”培训课程设计方案	编号	

一、课程名称

管理角色转变思路。

二、课程目标

1. 指出管理者和员工的角色区别。
2. 描述管理的基本概念。
3. 掌握管人和管事的基本工作流程。
4. 明确管理者的任务和职责，树立积极的工作态度。

三、课程时间

本课程总时长为 4 个小时。

四、课程内容

本课程的单元构成及主要内容如下表所示。

课程单元构成及内容

单元	构成	内容
第一单元	角色转变	1. 自我管理到员工管理 2. 管理和领导的基本概念 3. 新任部门经理的任务和挑战
第二单元	新任部门经理应具备的素质（价值观、态度和理念）	1. 明确自己的价值观和准则 2. 保持积极主动的工作态度 3. 思维定势的转变 4. 正确应对管理中的各种关系
第三单元	绩效导向带动员工发展	1. 绩效的基本含义 2. 员工发展三要素：知识、技能和态度 3. 工作要点：一个中心、两个基本点 4. 绩效导向的管理流程
第四单元	如何制订目标和计划	1. 愿景和目标的含义 2. 目标制定中的 SMART 原则 3. 目标的分解和落实 4. 目标的贯彻和执行：PDCA 的循环

五、授课方式

本课程的授课方式为“讲解 + 案例分析 + 情景模拟 + 角色扮演” 等。

六、课程设计素材

设计第四单元“如何制订目标和计划”时，我们可以引用“和我一起去旅馆”的故事来说明目标应当如何分解。

（一）问题导向

1. 管理者如何应对目标带来的压力。
2. 管理者应当如何将目标进行分解。

（续）

（二）故事内容

下面是“和我一起去旅馆”故事的详细内容。

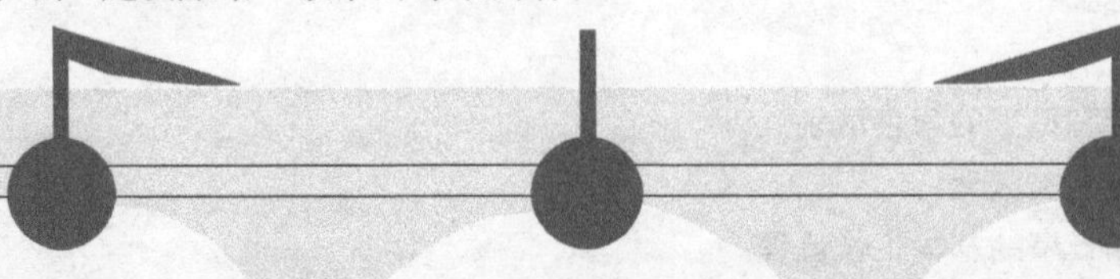

和我一起去旅馆

雷因在25岁的时候失业了，为了躲避房东讨债，他白天不得不在马路上闲逛。

一天，他在42号街碰到著名歌唱家夏里宾先生。雷因在失业前曾经采访过他。但是他没想到的是，夏里宾一眼就认出了他。

“很忙吗?”他问雷因。雷因含糊地回答了他，他认为夏里宾先生看出了他的遭遇。

“我住的旅馆在第103号街，跟我一块走过去好吗?”

“走过去？但是，夏里宾先生，60个路口，可不近呢。”

“胡说，”他笑着说，“只有5个街口。”

“……”雷因不解。

“是的，我说的是第6号街的一家射击游艺场。”

这话有些所答非所问，但雷因还是顺从地跟他走了。

到达射击游艺场时，夏里宾先生说，“只有11个街口了。”

不多一会儿，他们到了卡纳奇剧院。

“现在，只有5个街口就到动物园了。”

又走了12个街口，他们在夏里宾先生的旅馆停了下来。奇怪的是，雷因并不觉得怎么疲惫。

夏里宾给他解释为什么不疲惫的原因：“这是生活艺术的一个教训。你与你的目标无论有多遥远的距离，都不要担心，将你的精力集中在5个街口的距离，别让那遥远的未来令你烦恼。”

（三）思考导向

1. 当所定的目标让你觉得高不可攀时，你应将自己的注意力集中在脚下的每个台阶上；将每个台阶都走好的那天，就是目标实现之时。

2. 富有挑战性的目标往往会给管理者带来压力，容易使他们失去实现目标的信心，此时就需要进行目标分解，将目标化大为小、化整为零，从而使管理者轻松实现目标。

三、“如何有效授权”培训课程设计

有效授权是现代企业对企业经理人提出的更高要求。面对瞬息万变的市场和实力强劲的竞争对手，要想最大限度地调动员工的积极性，充分发挥企业的整体优势，企业管理者必须进行授权。因此，这里将如何有效授权作为新任部门经理管理技能的培训课程之一。

方案名称	某公司“如何有效授权”培训课程设计方案	编号	

一、课程名称

如何有效授权。

二、课程目标

1. 描述授权的定义和原则。
2. 掌握授权的程序和流程。
3. 熟练运用授权的技巧。

三、课程时间

本课程总时长为 8 个小时。

四、课程内容

本课程的单元构成及主要内容如下表所示。

课程单元构成及主要内容一览表

单元	主要内容	单元	主要内容
第一单元 授权概念和意义	1. 授权的概念与趋势 2. 不愿授权的原因 3. 授权中存在的问题 4. 有效授权的几种方法	第二单元 有效授权的原则	1. 信任原则 （1）授权以后不信任下属的后果 （2）信任下属对双方都有利 2. 评价风险原则 （1）经理在授权以前应充分评估风险、损失 （2）承担“用人不当”责任 （3）授权范围的延伸 3. 权责利对等原则 4. 授权与控制的平衡 （1）如果只进行授权不加控制，则会导致权力失控和混乱 （2）必须明确授权的范围及相应的目标考核制度

（续）

单元	主要内容	单元	主要内容
第三单元 有效授权的程序	1. 授权前的准备工作 2. 选定授权的任务 3. 选择被授权人 4. 落实分工 5. 跟进完成	第四单元 有效授权的技巧	1. 授权的要点 2. 授权的态度 3. 跨越授权的误区 4. 授权与激励 5. 授权与团队

五、授课方式

本课程采用“讲解＋故事＋游戏＋案例分析”的授课方式。

六、课程设计素材

（一）授权管理能力自测

在企业中，授权管理能力是指通过授予下属某些权力，使得他们能够顺利开展或完成某项工作并达到目标的能力。请通过回答下列问题对自己的该项能力进行差距测评。

授权管理能力自测题

1. 销售部经理被批评“控制得太多，而领导得太少”，如何理解该经理的行为？		
A. 没有做好授权工作	B. 不善于通过他人达成目标	C. 缺乏领导力
2. 您如何从管理的角度理解“将在外，君命有所不受”？		
A. 体现了集权与分权理念	B. 赋予了下属某种权力	C. 能提升下属的领导能力
3. 某公司规定十种紧急情况下，分公司经理有权自主采取行动，但需要将事情的进展情况和结果及时报告给总经理。对于这一规定，您如何看待？		
A. 这不是真正的授权	B. 这是对工作执行的安排	C. 分公司经理权力没有扩大
4. 某经理因临时有急事，特授权其助手代替他洽谈一项重要工程项目合同，助手因准备和经验不足而失败，将合同拱手让给竞争对手，对此，您如何看待？		
A. 这是错误的授权	B. 该经理工作主次不分	C. 授权不授责，经理承担责任
5. 您认为下列哪些工作必须授权？		
A. 重复和风险低的工作	B. 下属比自己做得更好	C. 下属有能力做得更好

（续）

6. 您认为哪些工作应该授权？		
A. 下属已经具备完成能力	B. 有风险但可以控制	C. 对下属具有挑战性的工作
7. 您认为哪些工作不能授权？		
A. 超出团队成员能力权责之外的	B. 有风险的工作	C. 签字权
8. 在授权时，您优先考虑哪些因素？		
A. 品德优先	B. 能力和经验优先	C. 因人因事而异
9. 您的团队成员很优秀，但总是无法按时完成任务时，您如何看待这一问题？		
A. 可能自己的授权不够	B. 可能权责不明确	C. 可能协调出了问题
10. 如果您的下属凡事都请示您，您如何看待这种“请示”？		
A. 自己没有充分授权	B. 自己集权程度比较高	C. 下属能力还需要提高
11. 领导分配给您一项任务，您如何执行？		
A. 充分授权，关注结果	B. 直接授权给下属执行	C. 把工作分配落实到每个人
12. 当您担心下属会把事情搞砸时，您如何授权？		
A. 适度授权	B. 建立约束机制	C. 有时不敢授权
13. 作为上司，您如何看待“不遵守授权的约定”？		
A. 这会成为下一次授权的障碍	B. 应避免这种情况的发生	C. 实际上改变了授权
14. 对于公司授权的“收收放放”，您如何认为？		
A. 公司缺乏一套授权制度	B. 信任是授权的前提	C. 也许有些下属能力不够
15. 面对不喜欢授权的上司，您该如何办？		
A. 通过沟通，尽量争取	B. 不断提高能力，让上司放心	C. 对下属授权也要控制
参考答案 选 A 得 3 分；选 B 得 2 分；选 C 得 1 分 总分在 36 分以上，说明您的授权管理能力很强，请继续保持和提升。 总分在 24～36 分，说明您的授权管理能力一般，请努力提升。 总分在 15 分以下，说明您的授权管理能力很差，急需提升。		

（续）

（二）培训故事：子践答疑前任官

1. 问题导向

（1）管理者如何通过授权和下属共同达成目标。

（2）管理者如何通过授权把握自己的工作重心。

2. 故事内容

故事内容如下。

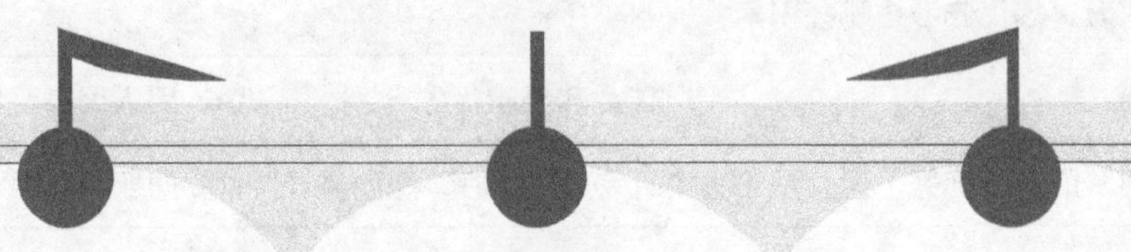

子践答疑前任官

孔子的学生子践有一次奉命担任某地方的官吏。

他到任以后，经常弹琴自娱，不问政事。可是，他所管辖的地方却治理得井井有条、民兴业旺。

这使那位卸任的官吏百思不得其解，因为他每天勤勤恳恳，从早忙到晚，也没有把地方治理好。于是他请教子践："为什么你逍遥自在、不问政事，却能把这个地方治理得这么好？"

子践回答说："你只靠自己的力量去治理，所以十分辛苦；而我却是借助下属的力量来完成任务。"

3. 思考导向

（1）事必躬亲不是真正的授权，懂得发挥下属的积极性才是管理者应该做的。

（2）一个聪明的管理者应该懂得如何通过授权发挥下属的才智、利用下属的力量。

（三）授权游戏：经理该怎么授权

1. 游戏目的

（1）作为一位领导者，应该如何有效授权？

（2）作为部门经理，应明确哪些任务可以授权？

2. 游戏规则

下表为游戏的具体操作规则。

（续）

<table>
<tr><td colspan="4">游戏：经理该怎么指挥</td></tr>
<tr><td>人数</td><td>8 个人</td><td>时间</td><td>30 分钟</td></tr>
<tr><td>场地</td><td>户外空地</td><td>工具</td><td>眼罩 4 个，20 米长的绳子一条</td></tr>
<tr><td>游戏
步骤</td><td colspan="3">1. 培训讲师选出一位总经理、一位总经理秘书、一位部门经理、一位部门经理秘书和四位操作人员。
2. 培训讲师把总经理及总经理秘书带到一个隐蔽的角落，然后向他们说明游戏的规则：总经理通过秘书给部门经理授权完成一项任务，该任务就是由操作人员在戴着眼罩的情况下，把一根 20 米长的绳子做成一个正方形，绳子要用尽。
（1）总经理不得直接授权给部门经理，一定是通过秘书向部门经理传达，由部门经理指挥操作人员完成任务。
（2）部门经理有不明白的地方不能直接请示总经理，需要通过秘书请示总经理。</td></tr>
<tr><td>问题
讨论</td><td colspan="3">1. 如果你是总经理，你会如何通过秘书给部门经理授权？
2. 如果你是部门经理，你是否会直接指挥？</td></tr>
</table>

3. 培训讲师语录

（1）部门经理应该授权给自己的秘书，让秘书直接指挥，这样就可以降低出错率。

（2）部门经理应该清楚哪些事情可以授权，哪些事情不能授权，对该授权的事情一定要授权。

四、“用户需求分析能力提升”培训课程设计

随着市场竞争的加剧，企业必须不断关注用户需求的变化、发现和挖掘用户需求，用户需求分析能力对于个人和企业来说都具有重要的意义。

<table>
<tr><td>方案名称</td><td>某公司“用户需求分析能力提升”培训课程设计方案</td><td>编 号</td><td></td></tr>
<tr><td colspan="4">一、课程名称
用户需求分析能力提升。
二、课程目标
1. 能够熟练梳理用户需求导向思维。
2. 掌握用户需求的采集和分析方法。
三、课程时间
本课程的培训时间为 1 天，课程总时长为 3 个小时。</td></tr>
</table>

（续）

四、课程内容

本课程的单元构成及主要内容如下表所示。

课程单元构成及内容一览表

单元	构成	主要内容
第一单元	用户需求的采集方法	1. 用户需求的采集程序 2. 用户需求的采集方法 3. 用户访谈法 4. 调查问卷法 5. 用户故事卡 6. 可用性测试
第二单元	用户需求分析	1. 用户需求分析的方法 2. 通过角色扮演理解用户需求 3. 用户需求排序练习 4. 如何抓住用户核心需求

五、授课方式

本课程采用“讲解＋故事＋游戏＋案例分析”的授课方式。

六、课程设计素材

（一）培训故事：我要一匹跑得更快的马

1. 问题导向

（1）如何了解用户的需求。

（2）怎么辨别真正的客户需求。

2. 故事内容

故事内容如下。

我要一匹跑得更快的马

100多年前，福特公司的创始人亨利·福特先生问客户：“您想要一个什么样的交通工具？”几乎所有人的答案都是：“我想要一匹更快的马。”得知这个回答后，一些人着手去改造轮子或调整马车结构或更换马的数量和种类，但是福特却选择了制造汽车去满足客户的需求。

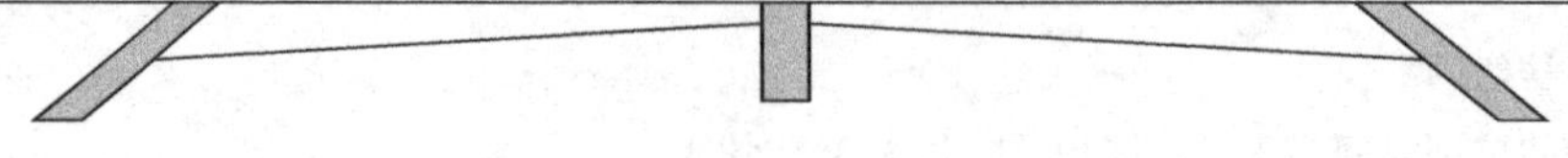

（续）

3. 思考导向

（1）需要深刻地了解用户和获取用户的核心需求。

（2）要进行深层次的分析和挖掘用户的需求。

（二）培训故事：木匠的故事

1. 问题导向

（1）什么才是真正的用户需求。

（2）如何才能发现和挖掘出真正的用户需求。

2. 故事内容

故事内容如下。

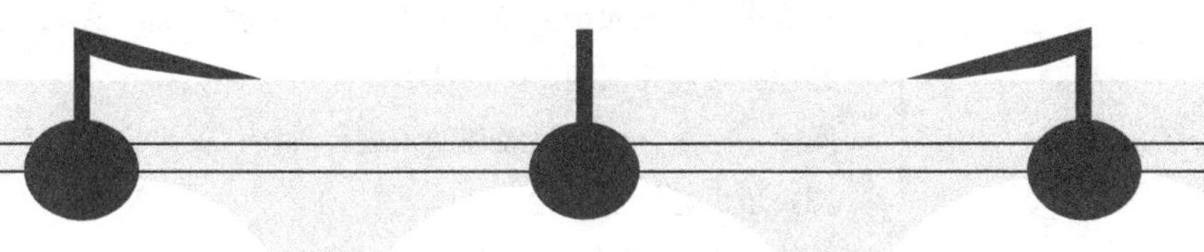

木匠的故事

从前某个国家有两位手艺高超的木匠，国王想从他们两个之中选出一位最好的木匠，于是国王决定让他俩比赛雕刻鱼，谁的最逼真、最完美就封谁为“天下第一木匠”。

第一位木匠雕刻出的鱼栩栩如生，活灵活现。第二位木匠雕刻出的鱼远看还有点鱼的模样，近看怎么也不像鱼，于是国王和大臣们一致判定第一位木匠获胜。第二位木匠却说：“要判定谁雕的鱼更像真的鱼，应该由猫来决定。”

国王觉得第二位木匠说的有道理，就派人去抓几只猫来。

没想到，猫刚被放到地上，都不约而同地扑向那只不像鱼的“鱼”，一个劲地啃咬，抢夺了起来。然而，却没有一只去光顾那只很像鱼的“鱼”。

国王觉得不可思议，但是事实摆在面前，他只好封第二位木匠为“天下第一木匠”。

但是国王想弄个明白，于是问第二位木匠：“你是怎么让猫认为你雕的鱼是真鱼的？”

第二位木匠笑着说：“其实很简单，我没用木头而是用鱼骨雕的鱼。猫在乎的根本不是像还是不像，而是腥味啊！”

（续）

3. 思考导向

（1）需要对用户需求进行排序，分析出轻重缓急。

（2）只有找准用户的需求才能达到事半功倍的效果。

（三）发现用户需求的游戏

讲师可以通过下面的小游戏来说明发现用户需求的一些小技巧。

游戏规则一览表

游戏名称	连问5个为什么
游戏步骤	1. 每组选出两个人，一人扮演用户，另一人扮演经理 2. 扮演用户的人问扮演经理的人一些和各类产品有关的问题，扮演经理的人需要反问5个为什么 3. 问完一轮后，由扮演经理的人进行总结，提出自己的产品构想 4. 调换角色进行下一轮 5. 连续2~4轮结束 6. 最后由全员投票选出最佳产品构想
问题讨论	1. 为什么这一构想能被评为“最佳产品构想” 2. 询问用户有什么技巧
讲师讲解	用户的需求需要不断地去深挖，停留在表面的需求并不一定是真正的需求

五、“新任生产经理管理培训”课程设计

新任生产经理管理培训是针对生产经理在公司的职责范围，从质量、成本、交货期、人、机、料、法等方面帮助新任生产经理整理管理思路，提供管理工具，最终提高其工作绩效。

方案名称	某公司“新任生产经理管理培训”课程设计方案	编号	
一、课程名称 新任生产经理管理培训。 **二、课程目标** 1. 描述生产经理的定位及岗位职责。 2. 列举生产经理的工作要求及处理方法。			

（续）

三、培训时间

本课程的培训时间为两天，课程总时长为 14 个小时。

四、课程内容

本课程共分为六个单元，主要是对新任生产经理角色转换以及基本的管理技能进行培训。

（一）生产经理工作职责

本单元详细说明了新任生产经理的岗位职责和绩效指标。

（二）团队绩效管理与提高

本单元分两部分来讲述团队绩效管理与提高。

1. 建立高绩效团队

本部分主要说明了高绩效团队的特点以及如何构建高绩效团队。

2. 考核与激励

本部分主要是对考核和激励方法进行详细的阐述。

（三）绩效指标的分解

本单元共分为五部分，主要讲述绩效指标的分解。

1. 企业七大战略目标的细化。
2. 下属团队战略目标分解。
3. 衡量生产绩效的常用指标。
4. 战略目标与衡量指标配合。
5. 员工绩效考核与衡量指标配合。

（四）员工培训与发展

本单元分三部分对员工培训与发展进行阐述。

1. 员工培训与生产的动态平衡。
2. 培训为战略目标及绩效指标服务。
3. 人力资源柔性化案例。

（五）QSP 策略

本单元主要分三章来讲解 QSP 策略。

1. 客户满意工程与 QSP 策略。
2. 现场基础管理支持 QSP。
3. 树立生产现场中心形象，获取相关部门的优质服务。

（六）持续改善

本单元共分为两部分，主要讲的是如何开展持续性的改善活动。

1. 建立持续改善组织和活动规则。
2. 围绕部门目标及问题分析结果开展持续改善活动。

五、授课方式

本课程采用“讲解 + 案例分析”的授课方式。

六、培训形式

参加专门培训机构开设的相关培训课程。

六、“互联网新任产品经理培训”课程设计

为了让新任产品经理更快速地适应岗位的变化，企业需对其实施相应的培训。下面是一则示例，仅供读者参考。

方案名称	“互联网新任产品经理培训”课程设计方案	编 号	

一、课程目标

通过对本课程的学习，可以了解互联网产品经理的职责、能力要求、整体工作流程。另外，还应加强对用户需求分析、产品设计等重要环节的培训，以提升产品经理工作能力。

二、培训时间

本课程培训时间为两天，课程总时工为14个小时。

三、课程内容

本次培训的课程共分为五个单元，主要是对新任产品经理的角色转换、专业技能及管理技能的培训，具体内容见下表。

培训内容设计

单元	构成	内容
第一单元	产品经理的角色与功能	1. 产品经理的角色与职责 2. 产品经理的胜任素质 3. 产品经理的职业发展道路
第二单元	产品设计及产品运营	1. 用户需求挖掘与分析 （1）市场调研与分析 （2）需求挖掘与评估 （3）产品定位与价值、用户模型设计等内容
		2. 产品设计 （1）产品整体规划 （2）产品交互设计 （3）提升用户体验 （4）产品迭代
		3. 产品运营 （1）产品推广 （2）数据分析 （3）竞品分析

（续）

单元	构成	内容
第三单元	专业技术能力	1. 需求文档的撰写 2. Axure、Omnioutliner 等工具的运用
第四单元	行业现状	1. 发展趋势 2. 热门产品分析
第五单元	团队管理	1. 工作任务管理 2. 团队人员管理

四、授课方式

本课程采用“讲解+案例分析”的授课方式。

五、课程设计素材（略）

七、“电商团队组建”培训课程设计

方案名称	某公司“电商团队组建”培训课程设计方案	编 号	

一、课程名称

电商团队组建培训。

二、课程目标

1. 描述打造优秀电商部门的三大关键点。
2. 解决实际组建电商团队过程中遇到的五大问题。

三、课程时间

本课程培训时间为两天，课程总时长为 14 个小时。

四、课程内容

（一）组建电商团队的五大问题

1. 如何找到合适的电商人才？
2. 如何留住电商人才？
3. 如何打造电商团队文化？
4. 如何划分电商岗位？
5. 如何对电商进行科学的绩效考核？

（二）建立一支优秀电商团队的三大关键点

1. 组建团队

（1）确定团队目标，制定业务范围和流程

（续）

（2）确立组织架构和部门规模

（3）简化工作流程

（4）建立适合的培训机制、晋升机制以及人才储备机制

2. 人才管理

（1）如何做好电商团队选人、育人、用人、留人四大环节

（2）岗位分工及职责设计

（4）电商绩效管理

3. 团队文化

（1）团队文化的确立

（2）如何提升团队的效率

（3）团队情绪的管理

（三）建设一支优秀电商团队的战略规划

1. 战略定位

2. 战略思维

3. 战略布局

4. 业务规划

五、培训形式

本次培训由专业的培训机构开设相关培训课程。